# ŒUVRES COMPLÈTES

DE

# SIR WALTER SCOTT.

Traduction Nouvelle.

# PARIS,

## CHARLES GOSSELIN ET A. SAUTELET ET Cᵒ

LIBRAIRES-ÉDITEURS.

M DCCC XXVIII.

H. FOURNIER IMPRIMEUR.

IMPRIMERIE DE H. FOURNIER,

RUE DE SEINE, N° 14.

# LES

# CHRONIQUES

## DE

# LA CANONGATE.

─────

( The Chronicles of the Canongate. )

SIC ITUR AD ASTRA.
( Devise des armoiries de la Canongate.)

─────

## TOME TROISIÈME.

# LES

# CHRONIQUES

### DE

# LA CANONGATE.

## (The Chronicles of the Canongate.)

## CHAPITRE XX.

L'ami que Middlemas s'attendait à trouver au Cygne était un individu dont il a déjà été fait mention dans cette histoire sous le nom de Tom Hillary; ex-clerc de procureur dans l'ancienne ville de Novum Castrum (1), — et *doctus utriusque juris*, autant qu'il avait pu le devenir par suite de quelques mois passés dans l'étude de

(1) Newcastle. — Éd.

1.

M. Lawford, clerc municipal à Middlemas. La dernière
fois que nous en avons parlé était à l'époque où la
splendeur de son chapeau galonné en or s'était éclipsée
devant les castors plus frais des deux apprentis du docteur Grey. Près de cinq ans s'étaient écoulés depuis ce
temps, et il y avait environ six mois qu'il avait reparu
à Middlemas, mais devenu un personnage tout différent
de ce qu'il paraissait quand il en était parti.

Maintenant on l'appelait Capitaine; il portait le costume militaire, et son langage était martial. Il semblait
avoir de l'argent en abondance, car non-seulement, à la
grande surprise de ses créanciers, il acquitta en arrivant certaines anciennes dettes qu'il avait oublié de
payer en partant, quoiqu'il eût pu, comme son premier
métier devait le lui avoir appris, opposer à toute demande à ce sujet le rempart inexpugnable de la pres-
cription ; mais il envoya même au ministre une guinée
pour les pauvres de la paroisse. Ces actes de justice et
de bienveillance firent du bruit dans le village ; ils firent
surtout honneur à un homme à qui une si longue absence n'avait pas permis d'oublier ses dettes légitimes,
et dont le cœur ne s'était pas fermé aux cris de ceux qui
étaient dans le besoin. Son mérite parut encore plus
transcendant quand on apprit qu'il avait servi l'honorable compagnie des Indes orientales, — cette éton-
nante compagnie de commerçans qu'on pourrait justement nommer princes. On était alors vers le milieu du
dix-huitième siècle, et les directeurs de cette compagnie, établis dans Leadenhall-Street, jetaient silencieu-
sement les fondations de cet empire immense qui s'é-
leva ensuite comme un météore sortant de la terre, et

qui étonne aujourd'hui l'Europe aussi-bien que l'Asie
par son étendue formidable et sa force imposante. La
Grande-Bretagne avait commencé à prêter une oreille
étonnée aux récits de victoires remportées et de villes
conquises dans l'Orient, et elle fut surprise de voir revenir dans son sein des individus qui avaient quitté
leur pays natal en aventuriers, et qui se remontraient
entourés de richesses et du luxe de l'Orient, jetant un
éclat qui éclipsait la splendeur de la classe même la plus
riche de la noblesse anglaise.

Hillary, à ce qu'il paraît, avait travaillé dans cet El-
Dorado nouvellement découvert; et, s'il disait la vérité,
ce n'avait pas été tout-à-fait sans fruit, quoiqu'il fût loin
d'avoir achevé la récolte qu'il voulait faire. Il parlait, à
la vérité, de faire quelques placemens de fonds, et à titre
de simple fantaisie il avait été consulter son ancien
maître M. Lawford, sur le projet qu'il avait d'acquérir
une ferme de trois mille acres, consistant principalement en marécages, dont il donnerait volontiers trois à
quatre mille guinées, pourvu qu'il s'y trouvât du gibier
en abondance, et de belles truites dans la rivière,
comme les annonces le disaient; mais il n'avait dessein
de faire aucune acquisition considérable quant à présent. Il était nécessaire qu'il maintînt son crédit dans
Leadenhall-Street, et, par conséquent, vendre ses actions de la compagnie des Indes serait une démarche im-
politique. En un mot, ce serait une folie de songer à se
retirer des affaires avec un modique revenu annuel de
mille à douze cents livres sterling, quand il était encore
à la fleur de l'âge, et qu'il n'avait éprouvé aucune at-

teinte de la maladie de foie (1). Il était donc déterminé
à doubler encore une fois le cap de Bonne-Espérance
avant de se placer sous le manteau de la cheminée de la
vie. Tout ce qu'il désirait, c'était de recruter pour son
régiment, ou plutôt pour sa compagnie, quelques braves
jeunes gens; et comme, dans tous ses voyages, il n'a-
vait jamais vu de plus beaux hommes qu'à Middlemas,
il voulait bien donner la préférence à ce bourg pour y
faire son recrutement. Dans le fait, c'était assurer la
fortune de ceux qui s'enrôleraient, car quelques figures blanches ne manquaient jamais de jeter la terreur parmi ces coquins de noirauds; et, sans parler
des bonnes aubaines qu'on pouvait trouver à la prise
d'assaut d'un pettah ou au pillage d'une pagode, la plupart de ces chiens basanés portaient sur eux de tels trésors, qu'une bataille gagnée était comme une mine d'or
pour les vainqueurs.

Les habitans de Middlemas écoutaient les merveilles
que racontait le noble capitaine avec des sentimens différens, suivant que le caractère de chacun d'eux était
aventureux ou réfléchi. Mais aucun d'eux ne pouvait
nier que tout cela ne fût très-possible, et comme on le
connaissait pour un homme hardi, entreprenant, doué
de quelques talens et ne paraissant pas devoir être ar-
rêté dans sa marche par quelques scrupules de conscience, il n'y avait aucune raison pour que Hillary
n'eût pas été aussi heureux que tant d'autres, lorsque
l'Inde, déchirée comme elle l'était par la guerre et par

(1) Maladie dont sont fréquemment attaqués les Européens qui
vont dans l'Inde. — ÉD.

des dissensions intestines, offrait de fort belles chances à tout aventurier audacieux. Il fut donc reçu par ses anciennes connaissances de Middlemas plutôt avec le respect dû à sa richesse supposée, que conformément à ses anciennes et plus humbles prétentions.

Quelques-uns des notables du village se tenaient pourtant sur la réserve. Parmi eux était au premier rang le docteur Grey, ennemi de tout ce qui ressemblait à la fanfaronnade, et qui connaissait assez bien le monde pour poser en règle générale que celui qui parle beaucoup de ses combats est rarement un brave soldat, et que celui qui se vante trop de ses richesses n'est presque jamais véritablement riche. M. Lawford semblait partager la même opinion, malgré l'avis que lui avait demandé Hillary relativement à son projet d'acquisition. Quelques personnes supposaient que la froideur que le clerc municipal montrait à son ancien subordonné était occasionée par quelques circonstances relatives à leurs liaisons précédentes; mais comme Lawford ne s'expliqua jamais sur ces circonstances, il est inutile de nous épuiser en conjectures à ce sujet.

Richard Middlemas renoua naturellement connaissance avec son ancien ami, et c'était dans ses conversations avec Hillary qu'il avait puisé cet enthousiasme sur l'Inde auquel nous l'avons vu se livrer. Dans le fait, il était impossible qu'un jeune homme sans expérience dans le monde et doué d'un caractère ardent écoutât froidement les descriptions brillantes du capitaine, qui, quoiqu'il ne fût qu'un capitaine recruteur, avait toute l'éloquence d'un sergent de recrues (1). Les palais s'é-

(1) L'auteur fait ici allusion à la pièce du *Recruiting officer* de

levaient comme par magie dans tous ses discours; des
bois composés de grands arbres et d'arbrisseaux aro-
matiques inconnus au sol glacial de l'Europe, étaient
peuplés des plus nobles animaux qu'on pût chasser,
depuis le tigre royal jusqu'au chacal. Le luxe d'une
natch, et la beauté particulière de ces enchanteresses
orientales, qui parfumaient leurs dômes voluptueux
pour plaire aux fiers conquérans anglais, n'offraient
pas moins d'attraits que les batailles et les sièges sur lesquels le capitaine s'étendait en d'autres occasions. Ses
descriptions semblaient trempées dans des parfums, et
toutes ses phrases sentaient l'essence de roses. Les entrevues dans lesquelles ces conversations avaient lieu se
terminaient souvent par une bouteille du meilleur vin
qu'on pût trouver à l'auberge du Cygne, accompagnée
de quelques mets délicats que le capitaine, qui était un
bon vivant, faisait venir d'Édimbourg. Après avoir été
si bien traité, Middlemas était condamné à partager
ensuite le souper frugal du docteur, et la beauté naïve
de Menie ne pouvait l'emporter sur le dégoût que lui
inspiraient les mets beaucoup plus simples qu'il voyait
sur la table, et la nécessité où il se trouvait de répondre
à des questions sur les maladies de malheureux paysans
confiés à ses soins.

L'espoir qu'avait conçu Richard d'être un jour reconnu par son père s'était évanoui depuis long-temps;
et la manière dont Monçada lui avait renvoyé sa lettre,
ainsi que le peu d'intérêt qu'il avait paru prendre à lui

Farquahr où le sergent Kite ouvre la première scène par un discours *éloquent* adressé aux badauds du pays. Cette pièce est fréquemment citée par sir Walter Scott. — Ép.

depuis ce temps, l'avaient convaincu que son aïeul était inexorable, et que ni alors, ni plus tard, il n'avait dessein de réaliser les visions splendides dont les fictions de sa nourrice Jamieson l'avaient bercé. Son ambition ne s'était pourtant pas rendormie, quoiqu'elle ne fût plus nourrie par les mêmes espérances qui l'avaient éveillée. L'éloquence abondante du capitaine indien lui fournissait les alimens qu'elle avait d'abord puisés dans les légendes de l'enfance. Les exploits d'un Lawrance et d'un Clide, et les excellentes occasions d'arriver à la fortune dont ces exploits avaient ouvert la route, troublaient le sommeil de notre jeune aventurier. Rien ne balançait les sentimens auxquels il se livrait, que son amour pour Menie, et les engagemens qui en avaient été la suite. Mais il avait fait la cour à miss Grey autant pour satisfaire sa vanité que par une passion bien décidée pour une jeune fille pleine de confiance et d'innocence. Il désirait remporter le prix que Hartley, qu'il n'avait jamais aimé, avait eu le courage de lui disputer. Ensuite Menie avait été vue avec admiration par des hommes qui lui étaient supérieurs en rang et en fortune, mais auxquels son amour-propre ne voulait pas céder la victoire. Sans contredit, quoique porté d'abord à jouer le rôle d'amant plutôt par vanité que par toute autre cause, la modestie et l'ingénuité qu'avait montrées miss Grey en recevant ses avances avaient produit sur son cœur une impression bien naturelle. Il était rempli de reconnaissance pour la charmante créature qui avait rendu justice à la supériorité de ses dons extérieurs et de ses talens, et il croyait avoir pour elle un attachement aussi dévoué que celui que ses charmes et ses qualités morales auraient inspiré à un homme moins vain et moins égoïste. Cependant sa prudence l'avait porté à conclure que sa passion pour la fille du chirurgien ne devait avoir que le poids convenable dans une affaire aussi importante que la détermination qu'il avait à prendre sur la carrière qu'il devait suivre ; et il apaisait sa conscience en se répétant qu'il y allait de l'intérêt de Menie comme du sien, de retarder leur mariage jusqu'à ce qu'il eût fait fortune. Combien de jeunes couples s'étaient perdus par une union trop précipitée !

Le mépris que lui avait témoigné Hartley lors de leur dernière entrevue avait un peu ébranlé sa confiance dans la vérité de ce raisonnement, et l'avait porté à soupçonner qu'il jouait un rôle bas et sordide en risquant ainsi le bonheur d'une jeune fille si digne d'être aimée et heureuse. Ce fut avec un esprit tourmenté par ce doute qu'il se rendit à l'auberge du Cygne où son ami le capitaine l'attendait avec impatience.

Lorsqu'ils furent assis bien à leur aise devant une table sur laquelle était placée une bouteille de vin de Pajarete, Middlemas commença, avec la circonspection qui le caractérisait, par sonder son ami sur la question de savoir s'il était facile à un individu désirant entrer au service de la compagnie d'obtenir une commission. Si Hillary eût voulu lui répondre avec vérité, il lui aurait dit que rien n'était plus aisé, car le service dans les Indes n'avait alors aucun attrait pour cette classe supérieure qui, depuis ce temps, a fait tant d'efforts pour y être reçue. Mais le digne capitaine lui répondit que, quoique en général il pût être difficile d'obtenir une commission avant d'avoir servi quelques années en qualité de cadet, cependant, avec sa protection, un jeune homme entrant dans son régiment, et fait pour occuper un tel poste, était sûr d'obtenir une commission d'enseigne, sinon de lieutenant, dès qu'il aurait mis le pied dans les Indes.

— Vous, par exemple, mon cher ami, dit-il en tendant la main à Richard, si vous songiez à changer la tête de mouton (1) et le haggis (2), pour le mulagatawny (3) et le curry (4), je puis vous dire que, quoiqu'il soit indispensable que vous entriez d'abord au service en qualité de simple cadet, cependant, de par Dieu! vous vivriez avec moi comme un frère pendant la traversée, et dès que nous aurions touché la terre à Madras, je vous mettrais dans une belle passe d'acquérir de la gloire et de la fortune en même temps. — Je crois que vous avez quelque bagatelle, — une ou deux mille livres ou environ?

— De mille à douze cents livres, répondit Richard affectant le ton d'indifférence de son compagnon, mais humilié intérieurement de ne pouvoir annoncer que de si faibles ressources.

(1) Mets très-goûté en Écosse. — Éd.
(2) Espèce de pouding écossais. — Éd.
(3) Soupe des Indes d'un goût excessivement relevé. — Éd.
(4) Ragoût indien très-épicé, et dans lequel domine le poivre rouge. C'est à ce mets que lord Byron fait allusion, lorsqu'il dit d'une course rapide....

« *Leavening his blood as Cayenne doth a curry.* »

« Qu'elle agite le sang comme le poivre de Cayenne relève un curry. »

(*Don Juan*, ch. X, octave LXXII). — Éd.

2

— C'est tout autant qu'il vous en faudra pour les frais de votre équipement et du voyage. D'ailleurs, n'eussiez-vous pas un sou, ce serait la même chose; quand je dis une fois à un ami : Je vous aiderai, Tom Hillary n'est pas un homme à se dédire pour épargner ses couris. Quoi qu'il en soit, il n'est pas fâcheux d'avoir un petit capital à soi pour commencer.

— Sans doute, répondit le prosélyte, je n'aimerais pas à être à charge à personne. Pour vous dire la vérité, j'ai quelque velléité de me marier avant de quitter l'Angleterre; et en ce cas vous sentez qu'il me faudra de l'argent, soit que ma femme me suive, soit qu'elle reste ici afin de savoir jusqu'à quel point le sort me favorisera; de sorte que tout calculé, je pourrai avoir à vous emprunter quelques centaines de livres.

— Que diable dites-vous donc, Dick? Vous marier! prendre une femme! Qui a pu mettre dans la tête d'un jeune gaillard comme vous, qui a à peine vingt et un ans, et qui a six pieds (1) sans la semelle de ses souliers, de se rendre esclave pour toute sa vie? Non, non, Dick, cela ne peut être. Souvenez-vous de la vieille chanson :

Mon ami Bluff, restez garçon :
Nargue d'un cœur tendre et sensible.

— Oui, oui, tout cela sonne fort bien; mais il faut se défaire d'une foule d'anciens souvenirs...

— Et le plus tôt est le mieux, Dick. Les vieux souvenirs sont comme les vieux habits : il faut se débar-

(1) Six pieds, mesure anglaise: cinq pieds six à sept pouces.
ÉD.

rasser de tout en même temps, ils ne sont bons qu'à occuper de la place dans une garderobe, et ils ne se-raient plus à la mode si l'on voulait en faire usage. Mais vous avez l'air bien grave. Qui diable a fait ainsi une boutonnière à votre cœur?

— Quelle question? je suis sûr que vous devez vous souvenir... Menie, la fille de mon maître.

— Quoi! miss Green, la fille du vieux pharmaco-pole? Il me semble qu'elle est assez jolie.

— Mon maître est chirurgien, et non apothicaire; il se nomme Grey.

— Oui, oui, Green, Grey, qu'importe? il vend les drogues qu'il fabrique, je crois, et c'est ce que nous appelons pharmacopole dans le sud. La fille est assez bien pour figurer dans un bal d'Écosse; mais a-t-elle de l'intelligence? sait-elle ce que c'est que de vivre?

— C'est une fille très-sensée, si ce n'est qu'elle m'aime; et cela, comme dit Bénédict (1), n'est ni une preuve de sagesse ni une démonstration de folie.

— Mais a-t-elle de la vivacité, du feu, du brillant, quelque étincelle de diablerie?

— Pas un grain, répondit l'amant; c'est de toutes les créatures humaines la plus douce, la plus simple, la plus facile à conduire.

— En ce cas, elle ne vous convient pas, dit le capi-taine d'un ton décidé; j'en suis fâché, Dick, mais elle ne vous convient pas. Il y a dans le monde quelques femmes qui peuvent jouer leur rôle dans la vie active

(1) Personnage original de Shakspeare, qui affiche une grande antipathie pour les femmes ou plutôt pour le mariage, et qui finit par devenir amant et mari. — Éd.

que nous menons dans l'Inde. Oui, et j'en ai connu qui ont fait avancer des maris qui, sans elles, seraient restés enfoncés dans le bourbier jusqu'au jour du jugement : Dieu sait comment elles acquittaient le droit de péage pour leur faire ouvrir les barrières ! Mais ce n'étaient pas de vos simples Susannes qui croient que leurs yeux ne sont faits que pour regarder leurs maris ou pour coudre des langes pour leurs enfans. Comptez sur ce que je vous dis : il faut renoncer au mariage ou à tout espoir d'avancement. Si vous vous attachez volontairement au cou un poids de cent livres, il ne faut pas songer à gagner le prix de la course. Mais ne vous imaginez pas qu'en rompant avec cette jeune fille il en résultera une catastrophe bien terrible. Il pourra bien y avoir une scène au moment de votre départ, mais vous l'oublierez bientôt au milieu des nymphes indiennes, et elle deviendra amoureuse de M. Tapeitout, assistant et successeur du ministre. Ce n'est pas une denrée pour le marché de l'Inde, je vous le garantis.

Parmi les faiblesses capricieuses de l'humanité, il en est une bien remarquable, celle qui nous porte à estimer les personnes et les choses, non par leur valeur véritable, mais d'après l'opinion des autres, qui sont souvent juges très-incompétens. Richard Middlemas avait senti enflammer son amour pour Menie, en la voyant courtisée par un lourdaud de qualité qui dansait avec elle; et elle perdait maintenant de son prix à ses yeux, parce qu'il plaisait à un fat impudent et sans éducation de la déprécier. L'un et l'autre de ces dignes personnages aurait été aussi en état de rendre justice aux beautés d'Homère, que de juger du mérite de Menie Grey.

Dans le fait, l'ascendant que ce soldat bavard, audacieux, et prodigue de promesses, avait acquis sur l'esprit de Richard Middlemas, quoiqu'il tint en général à sa propre opinion, avait quelque chose de despotique, parce que le capitaine, quoique infiniment inférieur en connaissances et en talens au jeune homme dont il dirigeait les idées, avait l'adresse de mettre en avant ces vues séduisantes d'ambition et de fortune auxquelles l'imagination de Richard s'était livrée dès son enfance. Il exigea de Middlemas une promesse, comme condition des services qu'il devait lui rendre : c'était de garder un silence absolu sur son départ pour l'Inde, et sur les vues qui le déterminaient à ce voyage. — Mes recrues, dit le capitaine, sont parties pour le dépôt établi dans l'île de Wight; et je désire quitter l'Écosse, et surtout ce petit bourg, sans être harcelé à la mort, et je crains de ne pouvoir le faire si l'on venait à savoir que je puis procurer des commissions à de jeunes blancs-becs, comme nous les appelons. Sur ma foi! je serais obligé d'emmener comme cadets tous les fils aînés de chaque famille de Middlemas, et personne ne se fait autant de scrupule que moi de faire des promesses, parce que je suis fidèle comme un Troyen à les exécuter. Mais vous sentez que je ne puis faire pour tout le monde ce que je fais pour un ancien ami comme Dick Middlemas.

Richard lui promit le secret, et il fut convenu que les deux amis ne quitteraient pas même ensemble Middlemas, mais que le capitaine partirait le premier, et que son compagnon irait le rejoindre à Édimbourg, où il signerait son engagement, et qu'ensuite ils partiraient ensemble pour Londres, où ils prendraient les arrangemens nécessaires pour le voyage de l'Inde.

Malgré les dispositions définitives qu'il venait ainsi de faire pour son départ, Middlemas pensait de temps en temps avec regret et inquiétude à l'instant où il devrait quitter Menie Grey, après les engagemens qu'il avait pris avec elle. Cependant sa résolution était arrêtée; il fallait frapper le coup, et l'amant ingrat, déterminé depuis long-temps à ne pas se contenter du bonheur domestique dont il aurait pu jouir s'il ne s'était pas laissé égarer par l'ambition, ne fut plus occupé que des moyens, non à la vérité de rompre entièrement avec elle, mais de retarder leur mariage jusqu'après le succès de son expédition dans l'Inde.

Il aurait pu s'épargner toute inquiétude à ce sujet. Toutes les richesses de cette Inde où il allait courir n'auraient pu décider Menie Grey à quitter le toit paternel contre les ordres de son père, et encore moins que jamais à l'instant où, privé de ses deux aides, il allait être obligé à redoubler de travail et d'efforts, dans un âge déjà fort avancé, et où il aurait pu se regarder comme complètement abandonné si sa fille se fût séparée de lui en même temps. Mais quoiqu'elle fût irrévocablement déterminée à ne pas accepter la proposition d'accorder sa main à Richard sur-le-champ, s'il la lui avait faite, tout le pouvoir des illusions de l'amour ne put réussir à lui persuader qu'elle devait être satisfaite de la conduite de son amant à son égard. La modestie et une fierté honorable l'empêchèrent d'avoir l'air de remarquer, mais non de sentir bien amèrement que Richard préférait des vues ambitieuses au sort plus humble qu'il aurait pu partager avec elle, et qui lui promettait le bonheur, sinon la richesse.

— S'il m'avait aimée comme il le prétendait, se disait-elle à elle-même avec un sentiment de conviction involontaire, mon père ne lui aurait sûrement pas refusé les mêmes conditions qu'il avait proposées à Hartley. Ses objections auraient cédé au désir qu'il a de me voir heureuse, et aux prières de Richard, qui l'auraient guéri du soupçon qu'il a conçu de l'instabilité de son caractère. Mais je crains, je crains bien qu'il n'ait regardé ces conditions comme bien au-dessous de ses prétentions. N'aurait-il pas aussi été bien naturel, après les engagemens que nous avons contractés l'un envers l'autre, qu'il m'eût demandé d'unir notre destin avant de quitter l'Europe, après quoi j'aurais pu rester ici avec mon père, ou aller avec lui chercher dans les Indes cette fortune qui est l'objet de tous ses désirs? Sans doute j'aurais eu tort, très-grand tort d'accepter cette proposition sans le consentement de mon père, mais sûrement il était tout naturel que Richard me la fît. Hélas! les hommes ne savent pas aimer comme les femmes! leur amour n'est qu'une seule passion parmi mille autres auxquelles ils donnent la préférence; ils sont tous les jours occupés de plaisirs qui émoussent leurs sentimens, d'affaires qui les empêchent de s'y livrer, et nous, nous restons à pleurer et à songer à la froideur dont notre tendresse est payée (1)!

(1) La même idée est exprimée dans la touchante lettre que dona Julia écrit à don Juan :

« L'amour pour l'homme n'est qu'un épisode de la vie, c'est

L'époque était enfin arrivée où Richard Middlemas avait le droit de demander à ses curateurs l'argent qui avait été déposé pour lui entre leurs mains. Il en fit la demande, et la somme lui fut remise sur-le-champ. Le docteur Grey lui demanda naturellement quelles étaient ses vues en entrant dans le monde. L'imagination du jeune ambitieux, d'après cette question simple, supposa au digne vieillard le projet de lui faire, et peut-être avec instance, la même proposition qu'il avait faite à Hartley. Il se hâta donc de lui répondre d'un ton sec, qu'on lui avait fait concevoir des espérances qu'il ne lui était pas encore permis de dévoiler, mais que, dès qu'il serait à Londres, il écrirait au protecteur de sa jeunesse, pour lui faire part de la nature de ses projets, qui, ajouta-t-il, lui offraient une perspective avantageuse.

Grey, supposant qu'à cette époque critique de la vie de ce jeune homme, son père ou son aïeul pouvait avoir manifesté l'intention de se mettre en rapport direct avec lui, se contenta de lui répondre : — Vous avez été l'enfant du mystère, Richard, et vous me quittez comme vous êtes arrivé. J'ignorais alors d'où vous veniez, et maintenant je ne sais où vous allez. Ce n'est peut-être pas un trait favorable dans votre horoscope, que tout ce qui vous concerne soit un secret. Mais comme je penserai toujours avec affection à celui que j'ai connu

toute la vie de la femme : la cour, les champs, l'église, la mer et le commerce, l'épée, la robe, l'intérêt, la gloire, lui offrent en échange l'orgueil, la renommée, l'ambition pour remplir son cœur, et ils sont en petit nombre ceux qui ne s'y livrent pas : telles sont les ressources des hommes, et nous n'en avons qu'une, celle d'aimer encore et d'être encore trompées. » —Éd.

si long-temps, de même, quand vous songerez au vieillard qui vous a élevé, vous ne devrez pas oublier qu'il a rempli ses devoirs envers vous autant que le lui permettaient les circonstances et ses moyens, et qu'il vous a instruit dans la noble profession qui, en quelque lieu que votre destinée vous conduise, vous mettra à portée de gagner du pain, et de soulager en même temps les souffrances de vos semblables. Le ton affectueux de son ancien maître émut Middlemas, et il lui fit ses remerciemens avec d'autant plus d'abandon, qu'il était délivré de la crainte des chaines emblématiques qu'il avait cru, un moment auparavant, voir briller dans les mains du docteur, et dont il lui avait déjà semblé sentir le poids.

— Encore un mot, dit M. Grey en lui présentant un petit écrin. Votre malheureuse mère m'a forcé à accepter cette bague précieuse. Je n'y avais nul droit, puisque j'avais été amplement récompensé de mes services ; et je ne l'ai reçue que dans le dessein de vous la conserver jusqu'à cette époque. Il est possible qu'elle vous soit utile, s'il s'élevait quelque question sur l'identité de votre personne.

— Je vous remercie, mon père, et plus que mon père, s'écria Middlemas ; je vous remercie de cette précieuse relique qui peut véritablement m'être bien utile. Vous en serez bien payé s'il reste encore des diamans dans l'Inde.

— Les diamans! l'Inde! répéta M. Grey. Avez-vous perdu l'esprit, mon fils ?

— Je veux dire, bégaya Middlemas, s'il se trouve à Londres des diamans des Indes.

— Fou que vous êtes ! répondit le docteur ; comment pourriez-vous acheter des diamans ; et qu'en ferais-je quand vous m'en donneriez un boisseau ? Partez pendant que je suis en colère, — les larmes brillaient dans les yeux du digne homme, — car si je me livre encore à mon affection, je ne saurai comment me séparer de vous.

La séparation de Middlemas et de la pauvre Menie fut encore plus touchante. La douleur qu'elle montra fit renaître dans le cœur de son jeune amant toute la ferveur d'un premier amour, et il rétablit sa réputation de sincérité non-seulement en la suppliant de l'épouser avant son départ, mais en allant même jusqu'à lui offrir de renoncer à ses vues plus splendides, et de partager les humbles travaux de M. Grey, s'il voulait, à cette condition, lui assurer la main de sa fille. Mais, quoique cette preuve de la fidélité de son amant eût quelque chose de consolant, Menie fut assez prudente pour ne pas accepter un sacrifice dont il aurait pu se repentir ensuite.

— Non, Richard, lui répondit-elle, quand on renonce, dans un moment d'agitation, à un plan qu'on a adopté après de mûres réflexions, il est rare que le résultat en soit heureux. J'ai vu depuis long-temps que vos vues s'étendaient bien au-delà de l'humble perspective que vous offre ce séjour. Il est naturel que cela soit, puisque les circonstances de votre naissance semblent annoncer que vous étiez né pour posséder un rang et de la fortune. Allez donc chercher ce rang et cette fortune. Il est possible qu'en les cherchant votre cœur ne vous parle plus de même ; en ce cas, ne songez

plus à Menie Grey. Mais si le contraire arrive, nous
nous reverrons peut-être, et ne croyez pas un instant
que les sentimens que Menie Grey a conçus pour vous
puissent jamais changer.

Il est inutile de répéter tout ce que les amans se dirent
dans cette entrevue, et leurs pensées allèrent encore
plus loin que leurs discours. La nourrice Jamieson,
dans la chambre de qui cet entretien se passait, serra
dans ses bras ses deux enfans, comme elle les appelait,
déclara que le ciel les avait faits l'un pour l'autre, et
ajouta qu'elle ne demandait à vivre que jusqu'au moment où elle les verrait mari et femme.

Il devint enfin nécessaire de terminer cette scène d'a-
dieux, et Richard Middlemas, montant sur un cheval
qu'il avait loué pour son voyage, partit pour Édimbourg, où il avait déjà envoyé son bagage. Plus d'une
fois, chemin faisant, l'idée se présenta à son esprit qu'il
était encore temps de retourner à Middlemas; qu'il ferait mieux de prendre ce parti, et d'assurer son bonheur en épousant Menie Grey, et en bornant ses désirs
à l'humble nécessaire. Mais du moment qu'il eut re-
joint son ami Hillary au rendez-vous convenu, il devint
honteux de laisser entrevoir même l'ombre du plus
léger changement dans sa résolution, et il oublia les
sentimens qui s'étaient ranimés dans son cœur pendant
son voyage, si ce n'est qu'ils le confirmèrent dans sa détermination de revenir en Écosse dès qu'il aurait atteint
un certain degré de fortune et d'importance dans le
monde, pour partager avec Menie Grey tout ce qu'il
posséderait. Cependant sa reconnaissance pour le docteur ne parut pas s'endormir, à en juger par le don

qu'il lui fit d'un beau cachet de cornaline, monté en or, sur lequel était gravé un lion rampant sur un fond de gueules, et qu'il envoya, par une occasion sûre, à Stevenlaw's Land, en y joignant une lettre convenable à la circonstance. Menie reconnut son écriture, et resta les yeux fixés sur son père tandis qu'il la lisait, s'imaginant peut-être qu'elle roulait sur un sujet tout différent. Le docteur leva les épaules et fit quelques exclamations tout en lisant, après quoi il examina le cachet.

—Dick Middlemas n'est qu'un fou, après tout, Menie, dit-il à sa fille; il doit bien savoir qu'il n'est pas probable que je l'oublie; qu'avait-il donc besoin de m'envoyer un souvenir? Et s'il voulait faire cette absurdité ne pouvait-il m'envoyer le nouvel appareil pour la lithotomie? Et qu'ai-je de commun, moi Gédéon Grey, avec les armoiries de lord Grey? Non, non! mon vieux cachet d'argent avec un double G continuera à me servir. Cependant mettez cela de côté, ma chère Menie. Ses intentions étaient bonnes, quoi qu'il en soit.

Le lecteur ne peut douter que le cachet n'ait été serré et conservé avec grand soin.

# CHAPITRE XXI.

―――――

« Cet endroit paraissait comme un vaste hôpital ;
» Des maux du genre humain réceptacle fatal. »

MILTON.

Lorsque le capitaine eut fini ses affaires, parmi lesquelles il n'oublia pas l'engagement régulier et en bonne
forme de Richard, comme aspirant à la gloire de servir
l'honorable compagnie des Indes orientales, les deux
amis partirent d'Édimbourg. Ils se rendirent d'abord
par mer à Newcastle, où Hillary avait aussi quelques
affaires à régler pour son régiment avant de le rejoindre.
A Newcastle le capitaine eut la bonne fortune de trouver un petit brick, commandé par un de ses amis, un
ancien camarade d'école, qui allait justement mettre à

3

la voile pour l'île de Wight. — Je me suis arrangé avec
lui pour notre passage, dit-il à Middlemas, parce que,
lorsque vous serez au dépôt, vous pourrez commencer
à apprendre le service, ce qui est plus facile qu'à bord
d'un navire; et alors il me sera plus aisé de vous obtenir une commission.

— Avez-vous dessein de me laisser à l'île de Wight
pendant tout le temps que vous passerez à Londres?

— Bien certainement; et c'est ce qu'il y a de plus
avantageux pour vous. Quelques affaires que vous ayez
à Londres, je puis les faire pour vous aussi bien, et
même un peu mieux que vous ne les feriez vous-même.

— Mais je désire faire moi-même mes affaires, capitaine Hillary.

— En ce cas vous deviez rester votre propre maître,
cadet Middlemas. A présent vous êtes enrôlé comme
recrue de l'honorable Compagnie des Indes orientales;
je suis votre officier; et si vous hésitez à me suivre à
bord, jeune fou que vous êtes, je pourrais vous y envoyer les fers aux mains et aux pieds.

Le capitaine avait l'air de plaisanter en s'exprimant
ainsi, mais il y avait dans son ton quelque chose qui
blessa la fierté de Middlemas et qui éveilla ses craintes.
Il avait remarqué depuis peu que son ami, surtout
quand ils se trouvaient en présence d'autres personnes,
prenait avec lui un ton d'autorité et de supériorité difficile à endurer; et cependant ce ton singulier tenait
de si près à la liberté que se permettent ensemble deux
amis intimes, qu'il ne pouvait en prendre occasion ni
de s'en fâcher, ni de lui en faire un reproche. Les airs
d'autorité du capitaine étaient ordinairement suivis à l'in-

stant même d'un renouvellement d'intimité; mais il n'en fut pas tout-à-fait de même dans le cas actuel.

Middlemas consentit, à la vérité, à s'embarquer avec lui pour l'île de Wight, peut-être parce qu'il craignait, s'il avait une querelle avec lui, de faire échouer tout son plan de voyage dans les Indes et les espérances qu'il avait bâties sur ce projet; mais il changea le dessein qu'il avait conçu de confier à son compagnon sa petite fortune, pour en faire usage à mesure que les occasions l'exigeraient. Il résolut de conserver lui-même la garde de son argent, qui consistait en billets de la banque d'Angleterre, et qu'il plaça avec soin dans sa malle. Hillary, voyant que les insinuations qu'il avait jetées en avant à ce sujet n'avaient eu aucun succès, eut l'air de n'y plus penser.

Le voyage se fit sans accident et avec célérité; et ayant cotoyé les rives de cette belle île, que celui qui l'a vue une fois n'oublie jamais, en quelque partie du monde que son destin le conduise, le navire jeta bientôt l'ancre à la hauteur de la petite ville de Ryde; et comme la mer était parfaitement calme, Richard sentit diminuer le mal de mer, qui, pendant une grande partie de la traversée, avait occupé son attention plus que toute autre chose.

Le maître du brick, pour faire honneur à ses passagers, et par affection pour son ancien camarade d'école, avait fait dresser une tente sur le pont, et il voulut avoir le plaisir de leur donner une petite fête avant qu'ils quittassent son bâtiment. Tous les mets les plus délicats qui sont à l'usage des marins furent servis avec une profusion que n'exigeait pas le nombre des convives. Mais le punch qui y succéda était d'excellente qualité et prodigieusement fort. Le capitaine Hillary en fit les honneurs, et insista pour que Richard en prît sa part complète, d'autant plus, dit-il d'un ton de plaisanterie, qu'il y avait eu entre eux un peu de sécheresse, et que le punch était un remède souverain pour la dissiper. Il fit reparaître aux yeux de son compagnon, avec une nouvelle splendeur, le panorama des scènes et des aventures que l'Inde allait lui présenter, et qui avaient enflammé l'ambition de Middlemas, et il l'assura que quand même il lui serait impossible de lui obtenir une commission sur-le-champ, un court délai ne ferait que lui donner le temps de se mettre plus au fait du service militaire. Richard était déjà trop animé par le punch qu'il avait bu pour apercevoir aucun obstacle à sa fortune. Cependant, soit que ceux qui partageaient ses libations fussent des buveurs plus à l'épreuve, soit que Middlemas bût plus copieusement que ses compagnons, — soit enfin, comme il le soupçonna ensuite, qu'on eût glissé dans son verre quelque ingrédient funeste à la raison, comme on le fit à l'égard des gardes de Duncan (1), il est certain qu'en cette occasion il passa avec une rapidité peu ordinaire par toutes les différentes phases de l'état d'ivresse; — il rit, chanta, beugla, hurla, devint tendre jusqu'aux larmes, et colère jusqu'à la frénésie; et finit par tomber dans un sommeil profond et imperturbable.

Les effets de l'ivresse se manifestèrent, suivant l'usage, par cent rêves bizarres de déserts arides, — de

(1) Macbeth. — Ed.

serpens dont la morsure faisait éprouver la soif la plus
insupportable, — des tortures infligées à l'Indien attaché au poteau fatal, — et même des supplices des ré-
gions infernales. Les sons qui avaient peut-être eu d'a-
bord quelque influence sur ses rêves, et qui finirent
pourtant par l'éveiller, étaient d'une nature aussi triste
qu'horrible. Ils partaient d'une rangée de grabats,
placés presque les uns contre les autres dans une espèce d'hôpital militaire où régnait une fièvre ardente.
La plupart des malades étaient attaqués d'un violent
délire, pendant lequel ils poussaient des cris et des
hurlemens, vomissaient des blasphèmes et proféraient
les plus horribles imprécations. D'autres, qui sentaient
leur situation, se plaignaient et gémissaient; quelques-
uns faisaient, pour se livrer à un sentiment de dévotion, des tentatives qui prouvaient leur ignorance des
principes de la religion, et même de ses formes. Ceux
qui étaient convalescens tenaient à haute voix des propos
obscènes ou concertaient ensemble en argot des projets,
qui, autant qu'une oreille novice pouvait en juger par
une phrase entendue en passant, avaient rapport à
quelques actes de violence criminelle.

L'étonnement de Richard ne put être égalé que par
l'horreur dont il fut saisi. Il n'avait qu'un avantage sur
les pauvres misérables au milieu desquels il avait été
jeté, et c'était de jouir du luxe d'un grabat tout entier,
la plupart des autres étant occupés par deux de ces
êtres infortunés. Il ne vit paraître personne pour fournir
aux besoins et écouter les plaintes de ces malheureux;
— personne à qui il pût s'adresser pour qu'on le tirât
de cette horrible situation. Il jeta un coup d'œil autour

3.

de lui pour chercher ses habits afin de se lever et sortir
de cette caverne d'horreurs, mais il ne les vit pas; il
n'aperçut pas davantage sa malle. Il était fort à craindre
qu'il ne revît jamais rien de tout ce qu'il possédait au
monde.

Il se rappela alors, mais trop tard, les bruits qui
avaient couru dans Middlemas relativement à son ami
le capitaine, qu'on avait prétendu que M. Lawford
avait congédié pour cause de quelques abus de confiance. Mais qu'il eût trompé de propos délibéré l'ami
qui lui avait donné toute la sienne; qu'il l'eût dépouillé
de toute sa fortune, et placé dans ce séjour pestilentiel
dans l'espoir que la mort lui fermerait la bouche,
c'était une infamie dont il n'aurait pu le croire capable,
quand même tout ce qu'on avait dit de lui aurait été
vrai.

Mais Middlemas résolut de ne pas s'abandonner lui-
même. Cette salle devait être visitée par quelque officier
de santé, par quelque militaire; il s'adresserait à lui,
et inspirerait des craintes à Hillary s'il ne pouvait éveiller
les remords de sa conscience. Tandis qu'il se livrait à
ces pensées déchirantes, tourmenté en même temps par
une soif ardente qu'il n'avait aucun moyen de satisfaire,
il jeta les yeux autour de lui, pour voir s'il découvrirait
sur les grabats les plus voisins du sien quelqu'un qui fût
disposé à entrer en conversation avec lui, et à lui donner
quelques informations sur la nature et les usages de ce
lieu de désolation. Mais le lit placé à côté du sien était
occupé par deux drôles, qui, quoique, à en juger par
leurs joues creuses, leurs yeux enfoncés, leur pâleur
et leur maigreur, venant d'échapper à la faux de la

mort, et entrant à peine en convalescence, n'en étaient pas moins sérieusement occupés à se dérober l'un à l'autre quelques demi-sous en faisant une partie de cribbage (1), les termes particuliers de ce jeu étant entremêlés de juremens prononcés d'une voix faible mais énergique; et chaque coup heureux étant salué par le perdant comme par le gagnant par une salve d'imprécations qui semblaient destinées à flétrir le corps et l'ame, et qui étaient d'un côté l'expression du triomphe, et de l'autre des reproches adressés à la fortune.

Sur le grabat qui suivait celui des joueurs, gisaient deux corps, à la vérité, mais un seul d'entre eux était en vie; — l'autre venait d'être délivré de ses souffrances.

— Il est mort! — Il est mort! dit le malheureux survivant.

— Eh bien! meurs aussi et va-t'en au diable! répondit un des joueurs, et alors les deux feront la paire, comme dit Pugg.

— Mais je vous dis qu'il est raide et froid. Un mort n'est pas un compagnon de lit pour un vivant. Pour l'amour du ciel, aidez-moi à m'en débarrasser.

— Oui dà! pour qu'on me soupçonne de lui avoir serré le *respirant*, comme vous l'avez peut-être fait vous-même, l'ami, car je sais qu'il avait sur lui deux ou trois blanchets (2).

— Vous savez bien qu'il n'y a pas une heure que vous

(1) Jeu de cartes. — ÉD.
(2) Deux ou trois shillings. — ÉD.

avez pris dans sa poche sa dernière sonnette (1). Mais aidez-moi à le mettre hors du lit, et je ne dirai pas au croquemort que vous ne lui avez laissé rien à faire.

— Tu le dirais au croquemort! s'écria le joueur. Encore un mot semblable, et je te tordrai le cou jusqu'à ce que tes yeux puissent lire ce que le tambour de la ville t'a écrit sur le dos avec ses baguettes. Tais-toi, crois-moi, et n'interromps pas notre jeu par ton bavardage, où je te rendrai aussi muet que ton camarade de couchée.

Le pauvre malade, épuisé, retomba à côté de son hideux compagnon ; et le jargon du cribbage, entremêlé d'exécrations, continua comme auparavant.

D'après cet échantillon d'indifférence et de dureté, contrastant avec le dernier excès de la misère, Middlemas fut convaincu qu'il était inutile d'en appeler à l'humanité de ses compagnons de souffrance. Son cœur se serra, et l'idée de l'heureux et paisible séjour où il aurait pu se fixer se présenta à son imagination exaltée avec des couleurs si vives, qu'elle le plongea presque dans un accès de délire. Il voyait devant lui le ruisseau qui serpente dans la prairie de Middlemas, et sur lequel il avait si souvent construit de petits moulins pour amuser Menie quand elle était enfant. Un verre de son eau lui aurait paru préférable à tous les diamans des Indes, qui avaient été l'objet de son adoration; mais, semblable à Tantale, il ne pouvait toucher cette eau de ses lèvres.

Ayant réussi à dérober ses sens à cette illusion pas-

(1) Une pièce de monnaie. — ÉD.

sagère, et connaissant assez la pratique de l'art médi-
cal pour sentir la nécessité d'empêcher , s'il était possible, ses idées de s'égarer, il s'efforça de se rappeler
qu'il était chirurgien , et qu'après tout l'intérieur d'un
hôpital militaire ne devait pas lui inspirer la terreur
que ces horreurs pouvaient faire naître dans l'esprit de
gens étrangers à cette profession. Mais quoiqu'il tâchât ,
par de pareils souvenirs, de rallier son énergie, il n'en
sentait pas moins vivement la différence qui existait
entre un chirurgien que son devoir appelait dans un
tel lieu, et un pauvre diable qui s'y trouvait, soit
comme malade, soit comme prisonnier.

En ce moment, des pas se firent entendre dans l'appartement, et ce léger bruit sembla suspendre tout à
coup les diverses expressions de douleur qui le remplis-
saient. Les joueurs de cribbage cachèrent leurs cartes
et cessèrent de jurer ; d'autres malheureux, dont les
plaintes allaient jusqu'à la frénésie, supprimèrent leurs
exclamations de désespoir et leurs demandes de secours
L'agonie adoucit ses gémissemens ; la démence étouffa
ses clameurs insensées; la mort même sembla vouloir
rendre sans bruit le dernier soupir, en présence du capitaine Seelen Cooper. Ce personnage officiel était le
surintendant, ou, comme l'appelaient les misérables
habitans de ce triste séjour, le gouverneur de l'hôpital.
Il avait tout l'air d'avoir été autrefois porte-clefs dans
une prison régulière. C'était un homme de petite taille,
mais trapu, avec les jambes tortues, à qui il ne restait
qu'un œil, mais cet œil était armé d'une double féro-
cité. Il portait un vieil uniforme usé, qui ne paraissait
pas avoir été fait pour lui ; et la voix avec laquelle ce

ministre de l'humanité parlait aux malades, était celle
d'un contre-maître criant pendant une tempête. Il avait
à sa ceinture des pistolets et un coutelas ; car son mode
d'administration ayant plus d'une fois excité des ré-
voltes même parmi des malades dans un hôpital, sa vie
avait été quelquefois en danger au milieu d'eux. Il était
suivi de deux aides qui portaient des menottes et des
gilets de force.

Tandis que Seelen Cooper faisait sa ronde, la douleur et la plainte n'osaient plus se faire entendre, et le
bambou qu'il tenait en main, et qu'il s'amusait à agiter,
semblait être la baguette puissante d'un magicien, qui
réduisait au silence toute plainte et toute remontrance.

— Je vous dis que la viande est aussi fraîche qu'un
bouquet, s'écria-t-il ; et quant au pain, il est assez bon,
il est trop bon pour un tas de vagabonds qui font sem-
blant d'être malades pour dévorer la substance de la
très-honorable Compagnie. Je ne parle pas de ceux
qui sont réellement malades, car Dieu sait que je suis
toujours pour l'humanité.

—Si cela est, monsieur, dit Richard Middlemass, vers
le lit duquel le capitaine s'approchait alors, tandis qu'il
répondait ainsi aux humbles plaintes que lui avaient
faites à voix basse ceux près des grabats desquels il avait
passé ; si cela est, monsieur, j'espère que votre humanité fera quelque attention à ce que j'ai à vous dire.

— Et qui diable êtes - vous? dit le gouverneur en
tournant vers lui son œil de feu, tandis qu'un sourire
ricaneur se montrait sur des traits durs, si bien faits
pour cette expression.

—Je me nomme Middlemas, j'arrive d'Écosse, et j'ai

été conduit ici par quelque étrange méprise. — Je ne suis ni soldat, ni malade, si ce n'est par suite de la chaleur de cette maudite chambre.

— Eh bien, l'ami tout ce que j'ai à vous demander, c'est si vous êtes enrôlé comme recrue, oui ou non ?

— Je me suis enrôlé à Édimbourg; mais...

— Mais que diable voulez-vous donc ? — Vous êtes enrôlé, — le capitaine et le docteur vous ont envoyé ici; — à coup sûr, c'est à eux de savoir si vous êtes soldat ou officier, malade ou bien portant.

— Mais on m'a promis.... Tom Hillary m'a promis....

— Promis ! sans doute. Il n'y a personne ici à qui quelque chose n'ait été promis par l'un ou par l'autre, ou peut-être qui ne se soit fait à lui-même quelque promesse. Vous êtes dans la terre de promesse, mon brave garçon; mais vous savez que c'est l'Inde qui doit être le pays de l'accomplissement. Ainsi, bonjour; le docteur ne tardera pas à faire sa ronde, et il verra ce qu'il doit faire de vous.

— Attendez un instant, — rien qu'un instant ! — J'ai été volé.

— Volé ! — Voyez-vous cela ? — Eh bien tous ceux qui viennent ici en disent autant. — Sur mon ame! je suis le plus heureux coquin qui soit en Europe. —Tous ceux qui font mon métier n'ont à garder que des voleurs et des vauriens ; et moi, il ne me tombe entre les mains que des gens honnêtes et décens qui ont eu le malheur d'être volés.

— Ne traitez pas cette affaire si légèrement, monsieur, dit Middlemas : on m'a volé mille livres sterling.

Ces mots déconcertèrent entièrement la gravité du

gouverneur. Il partit d'un grand éclat de rire, et plusieurs des malades en firent autant, soit qu'ils cher-
chassent à gagner ainsi les bonnes graces du surintendant, soit par suite de cette disposition qui porte les
mauvais esprits à se rejouir des tortures infligées aux
êtres condamnés à partager leur agonie.

— Mille livres sterling! s'écria Seelen Cooper, dès
qu'il eut repris haleine. Excellent! j'aime un drôle qui
ne fait pas deux bouchées d'une cerise. — Sur ma foi!
il n'y a pas dans l'hôpital un pauvre diable qui se plaigne
qu'on lui ait volé autre chose que quelques blanchets,
et voici un serviteur de l'honorable compagnie à qui on
a volé mille livres sterling! — A merveille, M. Tom de
Dix Mille Livres! vous faites honneur à la maison et au
service, et ainsi je vous fais mes adieux.

Il continua son chemin, et Richard, se soulevant avec
un mouvement de colère et de désespoir, trouva, lorsqu'il voulut encore le rappeler, que sa langue, desséchée par la soif, ou paralysée par la fureur, lui refu-
sait son service. — De l'eau! de l'eau! s'écria-t-il enfin,
en saisissant par le bras un des deux satellites qui
marchaient à la suite de Seelen-Cooper. Le drôle regarda nonchalamment autour de lui, et voyant une
cruche près du grabat des deux joueurs, il la prit et
la donna à Richard en disant: — Tiens, bois, et va-t'en
au diable.

Il n'eut pas plus tôt le dos tourné qu'un des deux
joueurs s'élança sur le grabat de Middlemas, et lui saisissant le bras d'un poignet ferme, à l'instant où il approchait la cruche de ses lèvres, jura qu'il ne touche-
rait pas à sa boisson. On peut aisément deviner que la

cruche dont la possession était disputée avec tant de
violence et d'acharnement contenait autre chose que le
pur élément. Dans le fait, c'était un mélange d'eau et
de genièvre, dans lequel dominait cette dernière li-
queur. La cruche fut cassée dans la lutte, et tout son
contenu fut répandu. Middlemas porta un coup à son
antagoniste, qui y riposta par un autre; et il s'en serait suivi un combat sérieux, si le surintendant et ses
deux aides ne fussent intervenus avec une dextérité qui
prouvait qu'ils étaient habitués à de pareilles scènes.
Ils mirent un gilet de force à chacun des combattans.
Les efforts de Richard pour faire entendre une remontrance ne lui valurent qu'un coup de bambou du capitaine Seelen Cooper, avec un avis charitable pour
retenir sa langue s'il avait quelques égards pour sa
peau.

Aigri par les souffrances du corps et de l'esprit, tourmenté par une soif dévorante, et par le sentiment pénible de sa misérable situation, Richard Middlemas se
crut sur le point de perdre la raison. Il éprouvait un
désir insensé d'imiter la conduite de ses compagnons
de malheur, et de faire écho aux gémissemens, aux
cris et aux imprécations, qui recommencèrent dès que
le surintendant de l'hôpital se fut retiré. Il combattit
l'impulsion qui le portait à lutter de malédictions avec
le reprouvé, et de hurlemens avec l'homme en délire,
quoiqu'il brûlât d'y céder. Mais sa langue s'attacha à
son palais, sa bouche desséchée lui parut pleine de
poussière, sa vue s'obscurcit, un bourdonnement im-
portun fatigua son ouïe, et enfin toutes ses facultés vi-
tales furent suspendues.

# CHAPITRE XXII.

———————

» Un docte médecin , dont les mains toujours sûres
» Par leurs soins bienfaisans guérissent nos blessures,
» Vaut mieux pour son pays que dix mille guerriers. «

POPE ( traduction d'Homère. )

QUAND Middlemas reprit connaissance, il sentit que
son sang était rafraîchi, que la pulsation de ses artères
était diminuée, qu'on l'avait délivré des ligatures du
gilet de force, et que ses poumons respiraient plus librement. Un chirurgien entourait de bandages un de ses
bras dont il venait de tirer une quantité de sang assez
considérable ; un aide, qui lui avait humecté les tempes,
lui faisait respirer un vinaigre aromatique. Dès qu'il
commença à ouvrir les yeux, l'individu qui venait de
lui bander le bras lui dit en latin, mais à voix basse
et sans lever la tête : — *Nonne es Ricardus ille Middlemas,*

*e civitate Middlemassiense ? Responde in linguâ latinâ* — (1).
*Sum ille miserrimus* (2), répondit Richard en refermant
les yeux; car, quelque étrange que cela puisse paraître,
le son de la voix de son ancien compagnon, Adam
Hartley, qu'il avait reconnu, porta un coup à son orgueil blessé, quoique sa présence pût lui être si utile
en ce moment cruel. Sa conscience lui faisait sentir
qu'il avait montré à cet associé de ses premiers travaux
des dispositions, sinon hostiles, du moins peu amicales.
Il se rappelait le ton de supériorité qu'il avait coutume
de prendre avec lui; et se voir devant Adam dans la
situation où il se trouvait, et en quelque sorte à sa
merci, aggravait encore sa détresse; il pensait comme
le Chef mourant qui disait : —Le comte Percy est témoin de ma chute (3). — Ce genre d'émotion était pourtant trop déraisonnable pour durer plus d'une première
minute, et il employa la suivante à apprendre brièvement à Hartley l'histoire de sa propre folie, et la perfidie d'Hillary. Il fit ce court récit en latin, langue qui
leur était familière à tous deux, car, à cette époque,
c'était en latin que les cours de médecine, dans la
célèbre université d'Edimbourg, se faisaient en grande
partie.

 — Il faut que je vous quitte à l'instant, lui dit Hartley; prenez courage: — j'espère pouvoir vous être
utile. — En attendant, ne recevez ni alimens ni médicamens que de la main de mon aide, celui que vous

(1) « N'êtes-vous pas ce Richard Middlemas, du bourg de Middlemas? Répondez-moi en latin. » —Éᴅ.

(2) Je suis ce malheureux. —Éᴅ.

(3) Dans la bataille de Chevy-Chase. —Éᴅ.

voyez tenir une éponge. — Vous êtes dans un endroit où des boutons d'or à la manche d'un homme lui ont coûté la vie.

— Attendez un instant, répondit Middlemas, que j'ôte une tentation à mes dangereux voisins.

Il tira un petit paquet d'une poche pratiquée dans la doublure de son gilet, et le plaça entre les mains d'Hartley :

—Si je viens à mourir, ajouta-t-il, soyez mon héritier. Vous la méritez mieux que moi.

La voix rauque de Seelen Cooper empêcha Hartley de lui répondre.

— Eh bien ! docteur, le malade en reviendra-t-il ?

— Les symptômes sont encore douteux ; — l'évanouissement était alarmant. — Il faut que vous le fassiez transporter dans une chambre particulière, où mon aide en prendra soin.

— Ah ! si vous l'ordonnez, docteur, il faudra bien le faire ; — mais je puis vous dire qu'il y a quelqu'un que nous connaissons tous deux, qui a au moins mille raisons pour vouloir qu'il reste dans la grande infirmerie.

— Je n'entends rien à vos mille raisons. Je vous dirai seulement que ce jeune homme est aussi bien taillé qu'aucun de ceux qui soient parmi les recrues de la Compagnie. Mon devoir est de chercher à lui sauver la vie, afin de le conserver pour son service ; et s'il meurt par suite de votre négligence à exécuter mes ordres, comptez bien que je n'en laisserai pas tomber le blâme sur moi. Je rendrai compte au général de ce que je viens de vous ordonner.

— Au général ! répondit Seelen Cooper, fort embarrassé; vous rendrez compte au général ! — Oui, — de
l'état de sa santé. — Mais vous ne lui répéterez rien de
ce qu'il peut avoir dit pendant son délire. Sur mes yeux,
si vous écoutez ce que disent les malades quand ils ont
le cerveau dérangé, votre dos se pliera sous le poids de
leurs histoires, car je vous garantis que vous en aurez
beaucoup à porter.

— Capitaine Seelen Cooper, répondit Hartley, je ne
me mêle pas de votre département dans l'hôpital, et
l'avis que j'ai à vous donner est de ne pas vous mêler
du mien. Ayant une commission au service de la Compagnie, et un diplôme régulier de chirurgien, je suppose que je dois savoir quand un malade a le cerveau
dérangé ou non. Ainsi donc, veillez à ce qu'on prenne
grand soin de cet homme, à vos risques et périls.

A ces mots, il quitta l'hôpital, mais non sans avoir
serré la main de Richard, sous prétexte de lui tâter le
pouls, comme pour l'assurer de nouveau des efforts
qu'il allait faire pour le tirer de ce mauvais pas.

— Sur mes yeux ! murmura Seelen Cooper, voilà un
jeune coq qui chante bien haut, pour être sorti d'un
poulailler d'Écosse; mais je saurais bien le moyen de
le faire tomber du perchoir, si ce n'était qu'il a guéri la
marmaille du général.

Richard en entendit assez pour concevoir l'espoir
d'être bientôt délivré de son horrible situation; et cet
espoir ne tarda pas à s'augmenter encore quand il eut
été transporté dans un appartement séparé, beaucoup
mieux tenu que celui qu'il venait de quitter, et où il ne
se trouvait que deux malades, qui paraissaient être des

4.

sous-officiers. Quoique sentant parfaitement qu'il n'avait d'autre maladie que cette faiblesse qui succède à une violente agitation, il jugea que le parti le plus prudent qu'il pût prendre était de se laisser traiter en malade, parce que, de cette manière, il resterait sous la surveillance de son ancien compagnon. Cependant, tout en se préparant à profiter des bons offices d'Adam Hartley, la première réflexion qui se présenta en secret à son esprit fut inspirée par l'ingratitude : — Le ciel n'avait-il donc aucun autre moyen de me sauver, que par l'entremise de celui que j'aime le moins sur la surface de la terre ?

Ignorant les sentimens secrets de son ingrat compagnon, et, dans le fait, complètement indifférent à ce qu'il pouvait penser, Hartley s'occupait à lui rendre tous les services qui étaient en son pouvoir, sans autre objet que de s'acquitter de son devoir comme homme et comme chrétien. La manière dont il était devenu en état de lui être utile exige une courte explication.

Notre histoire remonte à une époque où les directeurs de la Compagnie des Indes orientales, avec cette politique ferme et persévérante qui a élevé l'empire britannique à une si haute puissance en Orient, avaient résolu d'envoyer un renfort considérable de troupes européennes dans l'Inde, alors menacée par le royaume de Mysore, dont le célèbre Hyder Aly avait usurpé le gouvernement après avoir détrôné son maître. Ce n'était pas sans difficulté qu'on trouvait des recrues pour ce service. Ceux qui auraient pu être disposés à s'enrôler comme soldats craignaient l'influence du climat de ce pays, ne se souciaient pas de se condamner eux-mêmes à une sorte d'exil par un engagement, et avaient quelque doute sur la fidélité avec laquelle la Compagnie exécuterait ses promesses quand ils ne seraient plus sous la protection des lois anglaises. D'après ces motifs et plusieurs autres, on préférait le service du roi, et l'on ne pouvait obtenir pour celui de la Compagnie que des recrues tirées du rebut de la société, quoique ses agens zélés ne se fissent scrupule d'employer aucun moyen qui pût décider un homme à s'enrôler. Dans le fait, l'usage d'enrôler des hommes de gré ou de force, de les racoler, suivant l'expression technique, était alors général, soit pour les troupes coloniales, soit même pour celles du roi ; et, comme les agens employés à cet effet étaient nécessairement des hommes pour qui tout scrupule était léger, non-seulement de grands abus étaient la suite directe de ce système, mais il donnait lieu quelquefois à des vols et même à des meurtres. On sent que de telles atrocités étaient cachées aux autorités pour lesquelles les levées se faisaient ; et la nécessité de se procurer des soldats faisait que des gens dont la conduite d'ailleurs était irréprochable ne regardaient pas de très-près à la manière dont se conduisait le service du recrutement.

Le principal dépôt des troupes qui avaient été levées ainsi était dans l'île de Wight. La saison ayant été malsaine, et la plupart de ces recrues ayant le corps disposé, par des excès de toute espèce, à contracter des maladies, une fièvre maligne se déclara dans le dépôt, et remplit bientôt de malades l'hôpital militaire, dont M. Seelen Cooper, qui était lui-même un ancien racoleur, expert en ce métier, avait obtenu la surintendance.

Les soldats qui avaient conservé leur santé commen-
cèrent aussi à se montrer peu dociles, et la nécessité
de les soumettre à quelque discipline avant leur départ devint si évidente, que quelques officiers de ma-
rine au service de la Compagnie déclarèrent que, sans
cette mesure, il était à craindre que quelques mutine-
ries n'éclatassent pendant la traversée.

Pour remédier au premier de ces maux, la Cour des
Directeurs envoya dans l'île plusieurs officiers de santé
à son service. De ce nombre fut Hartley, dont les talens avaient été attestés par un comité de médecins,
devant lesquels il avait subi un examen, quoique l'université d'Édimbourg lui eût déjà accordé un diplôme
de docteur.

Pour assurer la discipline parmi ces nouveaux soldats, la Cour donna pleins pouvoirs à un membre de
son propre corps, le général Witherington, officier qui
s'était distingué avec éclat au service de la Compagnie.
Il était revenu de l'Inde, cinq ou six ans auparavant,
avec une grande fortune, qu'il avait encore augmentée
par un mariage avantageux avec une riche héritière. Le
général et son épouse allaient peu dans la société, et
semblaient n'exister que pour leur famille encore dans
l'enfance, composée de deux garçons et d'une fille.
Quoiqu'il eût quitté le service, le général avait accepté
volontiers la charge temporaire qui lui était confiée ; et,
ayant pris une maison à une certaine distance de la
ville de Ryde, il forma ces recrues en différens corps,
leur donna des officiers instruits, et, en les assujettis-
sant à une discipline régulière, il parvint peu à peu à
introduire parmi eux une sorte de bon ordre. Il écou-

tait les plaintes que les soldats pouvaient avoir à faire
relativement à leurs vivres, ou à quelque autre objet
que ce fût, et leur rendait en toute occasion la plus
stricte justice, si ce n'est qu'il n'accorda jamais son
congé à aucun d'eux, quelque abusifs et même illégaux
qu'eussent été les moyens qu'on avait employés pour
le déterminer à s'enrôler.

— Ce n'est pas mon affaire de savoir comment vous
êtes devenus soldats, disait le général Witherington. —
Je vous ai trouvés soldats, et je vous laisserai soldats.
Mais j'aurai soin que, comme soldats, vous ayez tout
ce qui vous est dû en cette qualité, jusqu'à un sou, jusqu'à la tête d'une épingle. Également inaccessible à la
crainte et à la faveur, il dénonça plusieurs abus à la
Cour des Directeurs, fit renvoyer du service des officiers, des commissaires, etc., et rendit son nom aussi
redoutable aux concussionnaires dans son pays, qu'il
l'avait été aux ennemis de la Grande-Bretagne dans
l'Indoustan.

Le capitaine Seelen Cooper et ses associés dans l'administration de l'hôpital militaire tremblèrent, en apprenant tous ces changemens, que leur tour n'arrivât
bientôt. Mais le général, qui ailleurs examinait tout de
ses propres yeux, montrait de la répugnance à visiter
lui-même l'hôpital. Le bruit public se plaisait à attri-
buer cette conduite à la crainte de la contagion. Tel
était véritablement le motif du général Witherington;
mais ce n'était pas pour sa propre personne qu'il craignait; il tremblait de rapporter chez lui l'infection, et
de la communiquer à des enfans qu'il aimait plus que
la vie. Les alarmes de son épouse étaient encore plus

déraisonnables; et elle permettait à peine que ses enfans sortissent de la maison, si le vent soufflait du côté
où était situé l'hôpital.

Mais la Providence déjoue les précautions des mortels. Pendant une promenade dans les champs, dans un
canton choisi comme le plus solitaire et le plus retiré,
les enfans, suivis de domestiques d'Europe et d'Asie,
rencontrèrent une femme portant dans ses bras une
petite fille à peine convalescente de la petite-vérole. Les
inquiétudes du père, jointes à quelques scrupules religieux de la mère, les avaient empêchés jusqu'alors d'a-
voir recours à l'inoculation, qui n'était pas encore universellement adoptée. Ils gagnèrent la contagion avec la
rapidité de l'éclair, et elle se répandit comme un feu
dévorant sur toutes les personnes de la maison qui n'a-
vaient pas encore eu cette maladie. Un des enfans du
général, son second fils, en fut victime, et deux ayas,
ou servantes négresses, partagèrent le même sort. Les
cœurs du père et de la mère auraient été brisés par le
chagrin d'avoir perdu un de leurs enfans, si leur douleur n'avait été comme balancée par l'inquiétude que
leur inspiraient ceux qui vivaient encore, et qu'on
avouait être dans le plus grand danger. On les aurait
pris pour des êtres privés de raison, lorsqu'ils virent la
maladie des deux enfans qui leur restaient offrir les
mêmes symptômes qu'ils avaient remarqués dans celui
qui n'était plus.

Tandis qu'ils étaient plongés dans ces angoisses, le
domestique de confiance du général, né comme lui
dans le Northumberland, l'informa un matin que,
parmi les docteurs de l'hôpital, il se trouvait un jeune

homme du même comté, qui avait blâmé le mode de
traitement qu'on suivait pour combattre la petite-vérole, et qui prétendait en connaître un autre qu'il avait
vu pratiquer avec succès.

— Quelque impudent charlatan, dit le général, qui
voudrait se mettre en vogue par un langage présomp-
tueux. Le docteur Tourniquet et le docteur Lancelot
sont des hommes de haute réputation.

— Ne me parlez pas de leur réputation, s'écria son
épouse avec toute l'impatience d'une mère; n'ont-ils
pas laissé mourir mon pauvre Reuben ? Qu'importe la
réputation du médecin quand le malade périt ?

— Si Son Honneur voulait seulement voir le docteur Hartley, dit Winter en levant les yeux sur sa maîtresse, et en se tournant ensuite vers son maître : c'est
un jeune homme fort honnête, et je suis sûr qu'il ne se
doutait nullement que ce qu'il disait arriverait aux
oreilles de Votre Honneur. — Il est né dans le Northumberland.

— Envoyez-lui un domestique avec un cheval de
main, et qu'il vienne ici sur-le-champ.

On sait que l'ancienne manière de traiter la petite-
vérole consistait à refuser au malade tout ce que la nature le portait à désirer, et surtout à le tenir dans une
chambre bien chaude, dans un lit surchargé de couvertures, en lui faisant prendre du vin épicé, quand la
nature demandait de l'eau froide et un air frais. Quelques praticiens, préférant la raison à l'usage, s'étaient
hasardés depuis peu à adopter un mode de traitement
tout différent; et Gédéon Grey l'avait suivi pendant
plusieurs années avec un succès extraordinaire.

Quand le général Witherington vit Hartley, il fut
surpris de sa jeunesse; mais quand il l'entendit expliquer modestement, mais avec une confiance raisonnée,
la différence des deux manières de traiter cette maladie,
il l'écouta avec la plus sérieuse attention. Son épouse
en fit autant, ses yeux humides se tournant alternati-
vement sur Hartley et sur son mari, comme pour voir
quelle impression faisaient sur celui-ci les argumens du
nouveau docteur. Le général garda le silence quelques
minutes lorsque Hartley eut fini de parler, et parut
livré à de profondes réflexions.

— Il est certain, dit-il enfin, que traiter une fièvre
d'une manière qui serait capable d'en produire une,
c'est, à ce qu'il me semble, fournir au feu des alimens.

— Sans doute, sans doute, s'écria sa femme; don-
nons notre confiance à ce jeune homme, général Witherington. Nos enfans auront du moins la consolation
de respirer un air frais et de boire de l'eau froide, ce
qu'ils ne cessent de demander.

Cependant le général restait indécis. — Votre raisonnement paraît plausible, dit-il à Hartley; mais ce n'est
qu'une hypothèse. Sur quoi pouvez-vous appuyer votre
théorie, en opposition à la pratique générale?

— Sur mes propres observations, répondit le jeune
homme. Voici le livret sur lequel sont inscrites les maladies que j'ai traitées. Il s'y trouve vingt cas de petite
vérole, et dix-huit ont été suivis de guérison.

— Et les deux autres? demanda le général.

— Se sont terminés d'une manière fatale, répondit
Hartley. Nous ne pouvons encore que désarmer en
partie ce cruel fléau de la race humaine.

— Jeune homme, continua le général, si je vous disais que mille moidores (1) seront votre récompense si vous conservez la vie à mes enfans, qu'avez-vous à m'offrir pour mettre dans la balance en cas contraire?

— Ma réputation, répliqua Hartley avec fermeté.

— Et pouvez-vous répondre sur votre réputation de la guérison de vos malades?

— A Dieu ne plaise que j'aie tant de présomption! Mais je crois pouvoir répondre que j'emploierai les moyens qui, avec l'aide de Dieu, offrent le plus de chances pour un résultat favorable.

— Il suffit. — Vous êtes aussi modeste et aussi sensé que hardi, et vous aurez toute ma confiance.

Les discours et les manières d'Hartley avaient fait une vive impression sur l'épouse du général; impatiente de discontinuer un mode de traitement qui soumettait les malades à des privations et à des souffrances, et qui n'avait pas réussi à l'égard d'un de ses enfans, elle donna avec empressement son adhésion à ce que venait de dire son mari, et Hartley fut investi d'une pleine autorité dans la chambre des malades.

Les fenêtres furent ouvertes, le feu fut éteint ou diminué, les montagnes de couvertures disparurent, et des boissons rafraîchissantes remplacèrent le vin chaud épicé. — Les gardes crièrent au meurtre; les docteurs Tourniquet et Lancelot se retirèrent furieux, en prédisant une sorte de peste générale en châtiment de ce qu'ils appelaient une rébellion contre les aphorismes d'Hippocrate. Hartley n'en suivit pas moins sa marche

(1) Monnaie d'or du Portugal. — Éd.

5

avec une fermeté calme, et ses deux malades furent bientôt en état de guérison.

Le jeune Northumbrien n'était ni artificieux, ni gonflé d'amour-propre; mais, avec toute la simplicité de son caractère, il ne pouvait ignorer combien un médecin qui a réussi obtient d'influence sur les parens dont il a sauvé les enfans, surtout à l'instant où la cure s'achève. Il résolut d'employer cette influence en faveur de son ancien compagnon, espérant que le général Witherington se relâcherait de sa ténacité militaire en faveur du service qu'il venait de lui rendre.

En allant chez le général, dans la maison duquel il résidait alors pour donner des soins plus assidus à ses deux malades, il examina le paquet que Middlemas lui avait remis. Il y trouva le portrait de Menie Grey dans un entourage fort simple, et la bague enrichie de brillans que le docteur avait donnée à Middlemas, comme le dernier présent qu'il avait reçu de sa mère. Le premier de ces bijoux arracha un soupir au cœur sensible du jeune chirurgien, et peut-être une larme de triste souvenir à ses yeux. — Je crains qu'elle n'ait pas fait un bon choix, pensa-t-il; mais elle sera heureuse, si je puis y contribuer.

En arrivant chez le général Witherington, il se rendit d'abord dans la chambre des malades, et il porta ensuite à leurs parens l'heureuse nouvelle que leur guérison pouvait être considérée comme certaine.

— Puisse le dieu d'Israël vous bénir, jeune homme! dit l'épouse au jeune homme, en tremblant d'émotion.

— Vous avez essuyé les larmes des yeux de la mère réduite au désespoir. — Et cependant, hélas! elles doivent

encore couler quand je pense à mon chérubin, à mon
pauvre Reuben. — Ah! M. Hartley! pourquoi ne vous
avons-nous pas connu huit jours plus tôt! mon cher fils
vivrait encore.

— Dieu donne et Dieu reprend, madame, répondit
Hartley; et vous devez songer que de trois enfans il
vous en laisse deux. Il n'est nullement certain que le
traitement que j'ai adopté pour ceux - ci aurait également sauvé leur frère; car, d'après le compte qu'on
m'a rendu des symptômes de sa maladie, elle était de
l'espèce la plus maligne.

— Docteur, dit Witherington d'une voix qui annonçait plus d'émotion qu'il n'en montrait ordinairement,
et qu'il ne voulait même en montrer, vous pouvez con-
soler les maladies du cœur aussi bien que soulager
celles du corps. Mais il est temps de régler notre gageure. Vous avez parié votre réputation, — et elle vous
reste, accrue de l'honneur que doit vous faire le succès
que vous venez d'obtenir, — contre mille moidores.
Vous en trouverez la valeur dans ce porte-feuille.

— Général Witherington, répondit Hartley, vous
êtes riche, et vous avez droit d'être généreux. — Je suis
pauvre, et je n'ai pas celui de refuser ce qui peut être,
même dans un sens libéral, une indemnité des travaux
de ma profession. Mais il est des bornes qu'on doit se
prescrire, soit en donnant, soit en acceptant. Je ne
dois pas courir le risque de perdre cette réputation
nouvellement acquise, en fournissant un prétexte pour
dire que j'ai abusé du premier moment d'allégresse de
parens inquiets pour leurs enfans, pour en tirer une
somme exorbitante. Permettez-moi de diviser ce que

vous voulez bien m'offrir. J'en accepterai la moitié avec
reconnaissance, comme une récompense très-libérale
de mes soins; et si vous croyez me devoir quelque chose
de plus, que ce soit votre estime et votre protection.

— Si je consens à votre proposition, docteur Hartley,
dit le général en reprenant, comme à contre-cœur, la
moitié de la somme contenue dans le porte-feuille, c'est
parce que j'espère pouvoir vous servir de mon crédit
encore mieux que de ma bourse.

— Et c'est précisément à votre crédit, monsieur,
répondit Hartley, que je vais avoir recours pour obtenir une petite faveur.

Le général et son épouse prirent la parole en même
temps, pour l'assurer que, quelle que fût sa demande,
elle lui était accordée d'avance.

— Je n'en suis pas si sûr, dit Hartley, car il s'agit
d'un point sur lequel j'ai entendu dire que Votre Excellence est inflexible : — le congé d'un soldat des nouvelles recrues.

— Mon devoir m'oblige à l'être, répondit le général.
Vous savez de quelle espèce de recrues nous sommes
obligés de nous contenter. — Ils boivent, — l'ivresse
leur donne du courage, — ils s'enrôlent le soir, et s'en
repentent le lendemain. Si j'accordais le congé de tous
ceux qui prétendent s'être engagés par surprise, il ne
nous resterait que bien peu de volontaires. Chacun a
quelque sotte histoire à raconter des promesses qui lui
ont été faites par quelque fanfaron sergent de recrutement. — Il est impossible d'y faire attention. — Cependant j'écouterai volontiers la vôtre.

— Elle offre un cas fort singulier. L'individu pour

lequel je vous parle a été volé. On lui a pris mille livres sterling.

— Un volontaire pour ce service posséder mille livres sterling! Mon cher docteur, soyez-en bien certain, le drôle vous en a imposé. Au nom du ciel, où trouveriez-vous un homme qui, ayant mille livres sterling, voulût s'engager comme simple soldat?

— Il n'y a jamais songé. L'ami perfide à qui il avait accordé sa confiance lui avait persuadé qu'il aurait une commission.

— Il faut donc que cet ami ait été Tom Hillary où le diable, car nul autre ne peut avoir autant d'astuce et d'impudence; il finira certainement par trouver le chemin du gibet. Cependant cette histoire de mille livres sterling me semble encore plus invraisemblable que les contes de Tom Hillary. Quelles raisons avez-vous pour croire que ce drôle ait jamais eu une pareille somme à sa disposition?

—J'ai toutes les raisons possibles pour en être certain. Nous avons fait notre apprentissage ensemble sous le même maître; et quand il eut atteint sa majorité, la profession qu'il avait apprise ne lui plaisant pas, il prit possession de sa petite fortune, et se laissa tromper par les promesses d'Hillary.

— Qui sans doute l'a fait placer dans notre hôpital si bien administré?

— Précisément, Votre Excellence; non pas, je crois, pour le guérir d'aucune maladie, mais pour lui fournir l'occasion d'en gagner une qui imposerait silence à ses plaintes.

— Cette affaire sera éclaircie à fond. — Mais de quelle

misérable insouciance les parens de ce jeune homme
n'ont-ils pas été coupables, en laissant entrer dans le
monde un tel novice, sans autre guide, sans autre compagnon que Tom Hillary, et avec mille livres dans sa
poche! ils auraient aussi bien fait de l'assommer. Ils
n'ont certainement pas agi en prudens Northumbriens,
comme dit mon domestique Winter.

— Ce jeune homme doit véritablement avoir des parens bien durs ou bien négligens, dit mistress Witherington avec un accent de compassion.

— Il ne les a jamais connus, madame, répondit
Hartley, car sa naissance est couverte d'un voile mys-
térieux. Une main froide et presque inconnue l'a mis
en possession, comme à contre-cœur, de cette modique
somme, quand il est devenu majeur; et il fut lancé
dans le monde comme une barque forcée de quitter le
rivage, sans gouvernail, sans boussole et sans pilote.

Ici le général Witherington regarda involontairement sa femme, qui, éprouvant la même sensation,
dirigeait vers lui ses regards au même instant. Ils échangèrent un coup d'œil rapide, mais expressif, et baissèrent ensuite les yeux vers la terre.

— Avez-vous été élevé en Écosse? demanda la dame
à Hartley d'une voix presque tremblante; et en ce cas
quel était le nom de votre maître?

— J'ai fait mon apprentissage chez M. Gédéon Grey,
demeurant dans le bourg de Middlemas, lui répondit
Hartley.

— Middlemas! Grey! répéta mistress Witherington;
et elle s'évanouit au même instant.

Hartley lui prodigua les secours de sa profession;

son mari lui appuya la tête sur sa poitrine, et à l'instant
où elle commençait à reprendre connaissance, il lui
dit à voix basse, d'un ton qui tenait le milieu entre
une prière et un ordre : — Zilia, prenez garde! — prenez garde !

Quelques sons imparfaits qu'elle commençait à faire
entendre expirèrent sur ses lèvres.

— Permettez-moi de vous conduire dans votre chambre, lui dit son mari avec une anxiété bien visible.

Elle se leva comme aurait pu le faire un automate
dont les mouvemens sont produits par le jeu d'un ressort, et, appuyée sur le bras de son mari qui l'aidait à
marcher, elle y joignit ses propres efforts pour se traî-
ner hors de l'appartement. Elle en était presque à la
porte, quand Hartley, s'en approchant, demanda si
ses services pouvaient être utiles.

— Non, monsieur, répondit le général d'un ton
presque brusque ; ce n'est point un cas qui exige l'intervention d'un étranger. Lorsque j'aurai besoin de
vous, je vous ferai appeler.

Hartley recula de surprise en entendant le général
lui parler d'un ton si différent de celui qu'il avait pris
jusqu'alors dans toutes les relations qu'ils avaient eues
ensemble; et, pour la première fois, il se sentit disposé
à ajouter foi au bruit public, qui prétendait qu'avec
un grand nombre d'excellentes qualités Witherington
n'en était pas moins rempli d'orgueil et de hauteur. Il
ne l'avait encore vu, pensa-t-il, que dompté par l'affliction et l'inquiétude ; mais à présent son esprit reprenait
sa tension naturelle. Cependant il devait, par décence,
s'intéresser à ce malheureux Middlemas.

Le général rentra dans l'appartement au bout de quelques minutes, et il parla à Hartley avec son ton de politesse ordinaire, quoiqu'il éprouvât évidemment beaucoup d'embarras qu'il s'efforçait en vain de cacher.

— Mistress Witherington se trouve mieux, dit-il, et elle sera charmée de vous voir avant le dîner. — Vous dînez avec nous, j'espère?

Hartley salua.

— Mistress Witherington, dit le général, est assez sujette à cette sorte d'attaques de nerfs, et, depuis quelque temps, Dieu sait combien elle a eu de craintes et d'inquiétudes. Quand elle sort de cet état, il se passe quelques minutes avant qu'elle puisse recueillir ses idées, et pendant cet intervalle, — pour vous parler très-confidentiellement, mon cher docteur Hartley, — il lui arrive quelquefois de parler d'événemens imaginaires qui n'ont jamais eu lieu, ou de circonstances pénibles arrivées tout au commencement de sa vie. C'est pour cette raison que, dans ces occasions, je ne me soucie pas qu'elle reçoive d'autres soins que les miens ou ceux de mistress Lopez, sa vieille femme de chambre.

Hartley convint qu'un certain degré d'égarement d'esprit était souvent la suite d'une attaque de nerfs.

Le général continua. — Quant à ce jeune homme, — votre ami, — ce Richard Middlemas, — n'est-ce pas ainsi que vous l'avez nommé?

— Je ne crois pas l'avoir nommé, mais Votre Excellence a deviné son nom.

— Cela est assez singulier; — bien certainement vous avez prononcé le nom de Middlemas?

—Comme étant celui du bourg où nous demeurions tous deux.

—Oui, oui; et je l'ai pris pour le nom de l'individu. — Je n'étais occupé en ce moment que de mon inquiétude pour ma femme. — Mais ce Middlemas, puisque tel est son nom, — c'est sans doute un jeune extravagant?

—Je serais injuste envers lui si je le peignais sous de telles couleurs, Votre Excellence. Il peut avoir fait quelques folies comme tant d'autres jeunes gens; mais sa conduite, en tout ce que j'en connais, a toujours été respectable : mais, pour avoir habité cinq ans dans la même maison, nous n'étions pas liés d'une bien grande intimité.

— Cela est fort mal ; — j'aurais voulu qu'il..., c'est-à-dire, j'aurais été charmé pour lui qu'il eût eu un ami tel que vous; mais je suppose que vous étiez trop livré à l'étude pour lui. — Et il a du goût pour la vie militaire? — Est-il bien fait?

— Parfaitement; et il a des manières très-prévenantes?

— A-t-il le teint blanc ou basané?

— Très-basané. — Plus basané que celui de Votre Excellence, si vous me pardonnez cette liberté.

— En ce cas, ce doit être un merle noir. — Sait-il plusieurs langues?

— Le latin et le français assez passablement.

— Sans contredit, il ne sait ni danser, ni manier les armes?

— Pardonnez-moi, monsieur; je ne suis pas bon juge

de ce genre de mérite, mais Richard est reconnu pour exceller dans l'escrime comme dans la danse.

— En vérité ? — Somme totale, cela sonne assez bien. — Une bonne tournure, des talens, de la science sans excès, une bonne éducation, des folies qui ne vont pas jusqu'à l'extravagance : tout cela forme un total trop élevé pour le lot d'un simple soldat. Il faut qu'il ait une commission, docteur, — uniquement pour l'amour de vous.

— Votre Excellence a trop de bonté.

— Cela sera, et je saurai bien faire rendre gorge à ce pillard de Tom Hillary, à moins qu'il ne préfère être pendu, comme il l'a amplement mérité depuis long-temps. — Vous ne pouvez retourner à l'hôpital aujourd'hui ; vous dînez avec nous, et vous savez combien mistress Witherington redoute la contagion. Mais demain allez trouver votre ami. Winter aura soin de lui fournir tout ce qu'il faut pour son équipement. — Tom Hillary remboursera les avances, comme vous le savez.

— Il faudra qu'il parte, avec le premier détachement des recrues, à bord du *Middlesex*, bâtiment de la Compagnie, qui doit mettre à la voile des Dunes de lundi en quinze. — C'est-à-dire si vous le jugez en état de faire le voyage. J'ose dire que le pauvre diable en a bien assez de l'île de Wight.

— Votre Excellence permettra à ce jeune homme de lui présenter ses respects avant son départ ?

— A quoi bon, monsieur? s'écria le général précipitamment et d'un ton péremptoire; mais il ajouta sur-le-champ : — Vous avez raison ; — je serais charmé de le voir. Winter lui fera savoir le jour et l'heure, et

prendra des chevaux pour l'amener ici. Mais il faut qu'il
ait quitté l'hôpital depuis un jour ou deux. Ainsi, le
plus tôt que vous pourrez l'en faire sortir sera le mieux.
— Logez-le chez vous, docteur, et ne le laissez former
aucune liaison avec les officiers, ni avec qui que ce
soit dans cette île, de peur qu'il n'y rencontre un second Hillary.

Si Hartley avait connu, aussi bien que le lecteur,
toutes les circonstances relatives à la naissance de Richard Middlemas, il aurait pu tirer de la conduite du
général Witherington des conséquences décisives, pendant que son compagnon était le sujet de la conversation. Mais, comme M. Grey et Middlemas lui-même
avaient toujours gardé un profond silence sur cet objet,
il n'en savait que ce qu'en rapportait le bruit général,
et il n'avait jamais eu la curiosité de chercher à pénétrer plus avant dans ce mystère. Cependant les remarques qu'il avait faites pendant cet entretien lui inspi-
rèrent tant d'intérêt, qu'il résolut d'essayer une petite
épreuve dont il ne crut pas qu'il pût résulter aucun in-
convénient. Il mit à l'un de ses doigts la bague remarquable que lui avait confiée Richard Middlemas, et il
chercha à la mettre en évidence, en approchant de
mistress Witherington, ayant soin de choisir un moment d'absence de son mari. Les yeux de cette dame
n'eurent pas plus tôt aperçu cette bague, qu'ils semblaient ne pouvoir plus s'en détacher, et elle demanda
à la voir de plus près, en disant qu'elle ressemblait
beaucoup à un anneau qu'elle avait donné à une amie.
Tirant la bague de son doigt, et la plaçant dans la main
amaigrie de mistress Witherington, il l'informa qu'elle

appartenait à l'ami en faveur duquel il venait d'intéresser le général. Elle se retira avec beaucoup d'émotion ,
mais le lendemain elle eut avec Hartley un entretien
particulier dont les détails, autant qu'il est nécessaire
de les faire connaître au lecteur, seront rapportés ci-
après.

Le jour qui suivit ces importantes découvertes,
Middlemas , à sa grande satisfaction , fut tiré de sa retraite dans l'hôpital , et transporté dans la ville de Ryde,
sous le toit où logeait son ancien compagnon , qui , à la
vérité, s'y trouvait bien rarement, les inquiétudes de
mistress Witherington le retenant chez le général,
même long-temps après que ses enfans n'avaient plus
besoin des secours de la médecine.

Deux ou trois jours après, Richard Middlemas reçut
une commission de lieutenant au service de la Compagnie des Indes orientales. Winter, par ordre de son
maître , mit sur un pied convenable la garde-robe du
jeune officier. Middlemas , enchanté de se trouver enfin
délivré de la situation déplorable où il avait été réduit, et placé sous la protection d'un homme d'une
aussi haute importance que le général, suivit implici-
tement tous les avis qui lui furent donnés par Hartley
et confirmés par Winter, en s'abstenant de se montrer
en public, et de former aucunes liaisons dans la ville.
Il ne voyait même Hartley que fort rarement; et, quelque grandes que fussent les obligations qu'il lui avait,
peut-être ne regrettait-il guère l'absence d'un homme
dont la vue excitait toujours en lui un sentiment de
honte et d'humiliation.

# CHAPITRE XXIII.

Dans la soirée qui précéda le jour où il devait partir pour les Dunes, et se rendre à bord du *Middlesex*, qui était prêt à lever l'ancre, le nouveau lieutenant vit arriver Winter, chargé de le conduire chez le général, pour être présenté à son protecteur, et lui faire en même temps ses remerciemens et ses adieux. Chemin faisant, le vieillard prit la liberté de donner quelques avis au jeune officier, relativement au respect qu'il devait témoigner à son maître, — qui, quoique aussi bon et aussi généreux qu'aucun homme venu jamais du Northumberland, exigeait scrupuleusement qu'on lui rendît tous les honneurs qui lui étaient dus.

Tandis qu'ils s'avançaient ainsi vers la maison du général, Witherington et sa femme l'attendaient avec autant d'impatience que d'inquiétude. Ils étaient assis dans un superbe salon ; le général étant placé derrière un grand candélabre qui, étant couvert d'une gaze de son côté, jetait de l'autre toute sa lumière, de sorte

6

qu'il pouvait tout voir et tout observer sans devenir à son tour un sujet d'observation. Assise, ou plutôt presque couchée sur des coussins, couverte d'une draperie de mousseline brodée d'or et d'argent, et enveloppée d'un schall, ce qui était alors un luxe nouveau en Europe, son épouse semblait agitée par la plus vive émotion. Elle avait passé l'âge moyen de la vie, mais conservait pourtant assez de charmes pour être citée encore comme une belle femme.

— Zilia, lui dit son mari, vous êtes hors d'état d'exécuter ce que vous avez entrepris; suivez mon avis, retirez-vous, vous saurez tout ce qui se passera; mais retirez-vous. Pourquoi tenir si obstinément à la fantaisie inutile de voir un instant un être que vous ne reverrez jamais?

— Hélas! répondit mistress Witherington, votre déclaration que je ne le reverrai jamais n'est-elle pas un motif suffisant pour que je désire le voir en ce moment, pour que je souhaite graver dans ma mémoire des traits que vous m'annoncez que je ne dois plus voir en cette vie? Mon cher Richard, ne soyez pas plus cruel que ne le fut mon pauvre père, même quand son courroux était le plus violent. Il me permit de voir mon enfant; les traits de ce chérubin restèrent imprimés dans mon souvenir, et furent ma consolation pendant les cruelles années de chagrin qui furent le partage de ma jeunesse.

— Il suffit, Zilia; vous avez désiré cette grace, je vous l'ai accordée; et, à quelque risque que ce soit, je tiendrai ma promesse. Mais songez combien il est important de bien garder ce fatal secret: votre rang et l'estime dont vous jouissez dans la société en dépendent; mon honneur est intéressé à ce que vous conserviez cette estime, Zilia: le moment où la publicité de ce secret donnera aux prudes et aux médisantes le droit de vous traiter avec mépris, sera suivi de scènes épouvantables de misère, peut-être de sang et de mort, si un homme osait ouvrir la bouche sur un pareil sujet.

— Vous serez obéi, mon mari, répondit Zilia, autant que le permettra la faiblesse de la nature humaine. — Mais, ô Dieu de mes pères! de quel limon nous as-tu donc formés, pauvres mortels que nous sommes, puisque nous craignons tant la honte qui suit le péché, et que le péché en lui-même nous inspire si peu de repentir! Un instant après, on entendit marcher dans l'antichambre. — La porte du salon s'ouvrit. — Winter annonça le lieutenant Middlemas, et le fils se trouva, sans le savoir, devant les auteurs de ses jours.

Witherington se leva, et tressaillit involontairement; mais il fit un effort sur lui-même pour prendre cet air d'aisance avec lequel un supérieur reçoit un subalterne, et auquel se mêlait ordinairement en lui un certain degré de hauteur. La mère eut moins d'empire sur elle-même. Elle se leva aussi comme avec l'intention de serrer dans ses bras un fils qu'elle avait enfanté dans les souffrances et l'affliction. Mais un regard sévère de son mari la retint comme par un effet magique, et elle resta debout, la tête en avant, ses mains jointes et étendues dans l'attitude du mouvement, mais cependant immobile, comme une statue de marbre à laquelle le sculpteur a donné toute l'apparence de la vie sans pouvoir lui en communiquer les facultés. Une attitude

si étrange et les mouvemens qui l'avaient précédée auraient pu causer quelque surprise au jeune officier;
mais la dame était dans l'ombre, et il était si occupé à
regarder son protecteur, qu'il s'aperçut à peine de la
présence de mistress Witherington.

—Je me félicite de trouver cette occasion, dit Middlemas, voyant que le général ne lui adressait pas la
parole, d'offrir mes remerciemens au général Witherington, pour qui je ne pourrai jamais avoir assez de
reconnaissance.

Le son de sa voix, quoique prononçant des expressions si indifférentes en elles-mêmes, sembla détruire
le charme qui avait rendu sa mère immobile. La rai-
deur de ses muscles se relâcha, elle poussa un profond
soupir, et retomba sur les coussins d'où elle s'était levée. Le bruit de ce soupir et du frôlement de sa robe
attira sur elle les regards de Middlemas. Le général se
hâta de parler.

— Ma femme a été fort indisposée depuis un certain
temps, M. Middlemas. — Votre ami, M. Hartley, a pu
vous le dire. —- Une affection nerveuse...

On peut deviner la réponse de Richard : — il en
éprouvait le plus profond regret, — il prenait le plus
vif intérêt.

— Nous avons eu des malheurs dans notre famille,
M. Middlemas, et si nous en avons évité de plus grands,
sous lesquels nous aurions succombé, nous en sommes
redevables à votre ami. Nous serons heureux s'il est en
notre pouvoir de nous acquitter d'une partie de la reconnaissance que nous lui devons, en rendant quelques
services à son ami et à son protégé, M. Middlemas.

— Je ne suis donc ici que son protégé! pensa tout bas Richard; mais il répondit que chacun devait envier le bonheur qu'avait eu son ami de pouvoir être utile au général Witherington et à sa famille.

— Je présume que vous avez reçu votre commission? Avez-vous quelque désir particulier relativement au lieu de votre destination?

— Non, Votre Excellence, répondit Middlemas. Je présume que mon ami Hartley vous a informé de ma malheureuse situation, — qu'il vous a dit que je suis un orphelin abandonné dans le monde par ses parens, comme un proscrit que personne ne connaît, dont personne ne s'inquiète, si ce n'est pour désirer qu'il soit assez loin, et qu'il vive dans une assez grande obscurité pour ne pas faire rougir ceux qui lui ont donné le jour.

Zilia se tordait les mains tandis qu'il parlait ainsi, et elle serra autour de sa tête son voile de mousseline, comme pour étouffer les sanglots que lui arrachait la douleur.

— M. Hartley ne m'a pas communiqué des détails bien particuliers sur vos affaires personnelles, dit le général, et je ne désire pas vous donner la peine de m'en apprendre davantage. Ce que je désire savoir, c'est si vous êtes satisfait de votre destination pour Madras.

— Parfaitement, Votre Excellence. Toute destination m'est indifférente, pourvu que je ne coure pas le risque d'y rencontrer le scélérat Hillary.

— Oh! les services d'Hillary sont trop nécessaires dans les environs de St.-Giles, dans les faubourgs de Newcastle et autres endroits semblables où l'on peut ra-

masser des cadavres humains, pour lui permettre de
s'embarquer pour les Indes. Cependant, pour vous
prouver que le drôle n'est pas tout-à-fait sans pudeur,
voici les billets de banque qu'il vous avait volés. Vous
verrez que ce sont les mêmes que vous possédiez, à
l'exception d'une petite somme que le misérable avait
déjà dépensée, et qu'un ami a remplacée par compassion pour vos souffrances. — Richard Middlemas fléchit
un genou, et baisa la main qui lui rendait son indépen-
dance.

· — Allons, allons, dit le général, vous êtes un jeune
fou ; mais il ne retira pas sa main. C'était une de ces
occasions où Richard pouvait être éloquent.

— Vous êtes pour moi plus que mon père, s'écria-
t-il. Combien ne vous suis-je pas plus redevable qu'à
ces parens dénaturés qui m'ont donné le jour par un
crime, et qui m'ont ensuite abandonné avec tant de
cruauté !

Zilia, en entendant ces reproches sanglans, rejeta son
voile en arrière avec ses deux mains, de sorte qu'il semblait un brouillard derrière sa tête ; et poussant un
faible gémissement, elle tomba sans connaissance. Repoussant Middlemas à la hâte, le général Witherington
courut au secours de sa femme, et l'emporta dans ses
bras, comme si c'eût été un enfant, dans le vestibule,
où la vieille femme de chambre attendait avec les spiri-
tueux propres à la rappeler à la vie, le malheureux
époux ayant prévu avec raison qu'on pourrait en avoir
besoin. On les employa sans perdre un instant, et l'on
réussit à rendre la connaissance à la mère infortunée ;
mais elle resta dans un état effrayant de délire.

Elle avait évidemment l'esprit frappé des derniers mots qui venaient de sortir de la bouche de son fils. — L'avez-vous entendu, Richard? s'écria-t-elle d'un ton de voix bien haut eu égard à l'épuisement de ses forces ; avez-vous entendu ses paroles? c'était le ciel qui prononçait notre condamnation par la bouche de notre propre fils. Mais ne craignez rien, Richard, ne pleurez pas; je répondrai à la foudre du ciel par une musique céleste.

Elle courut vers un clavecin qui était dans l'appartement, et tandis que le général et la femme de chambre se regardaient l'un l'autre, comme s'ils eussent cru qu'elle allait perdre entièrement la raison, ses mains, appuyant légèrement sur les touches de l'instrument, produisaient une harmonie bizarre, composée de différens passages qu'elle se rappelait, et que son talent en musique combinait ensemble. Enfin elle unit sa voix aux sons qu'elle tirait de son clavecin pour chanter une de ces hymnes magnifiques par lesquelles sa jeunesse avait célébré les louanges de son Créateur en mariant les accens de sa voix aux sons de la harpe, comme le roi hébreu qui les a composées. Sa voix, soutenue par cette mélodie, s'éleva à un éclat qu'atteignent rarement les musiciens les plus distingués, baissa peu à peu, et cessa enfin de faire entendre ses ravissans accords. — Elle était morte à l'instant où son chant avait cessé.

On peut concevoir l'horreur et le désespoir dont fut saisi son mari quand il vit l'inutilité de tous les efforts qu'on fit pour la rappeler à la vie. Des domestiques furent dépêchés à la hâte pour aller chercher des secours, le docteur Hartley, tous les autres médecins qu'on

pourrait trouver. Le général rentra à la hâte dans le
salon qu'il venait de quitter, et, dans sa précipitation,
heurta Middlemas, qui, entendant des sons de musique dans l'appartement voisin, s'était naturellement
approché de la porte. Surpris, et presque effraye des
espèces de clameurs, des voix confuses et des pas pré-
cipités qu'il entendit ensuite, il y était resté debout,
cherchant à découvrir la cause d'un tel désordre.

La vue de cet infortuné jeune homme porta jusqu'à
la frénésie les passions violentes du général; il sembla
ne plus reconnaître en son fils que la cause de la mort
de sa femme. Il le saisit au collet, et le secouant vio-
lemment, il le traîna dans cette chambre fatale devenue
celle de la mort.

— Viens ici, s'écria-t-il, toi pour qui une vie passée
dans une profonde obscurité semblait trop méprisable;
viens ici, et vois les parens auxquels tu as porté tant
d'envie, que tu as si souvent maudits. Regarde ces traits
pâles et flétris, cette figure de cire plutôt que de chair
et de sang : voilà ta mère! voilà l'infortunée Zilia Monçada pour qui ta naissance a été une source de honte
et de misère, et à qui ta fatale présence a apporté la
mort! Regarde-moi, dit-il ensuite en repoussant Richard avec violence, et en se redressant de manière à
ressembler presque, par son air et son attitude, à l'esprit rebelle dont il allait parler, regarde-moi bien; ne
sens-tu pas le soufre qui parfume ma chevelure? ne
vois-tu pas un front que la foudre a frappé? Je suis le
prince des ténèbres, je suis le père que tu cherches; je
suis le maudit Richard Tresham, le séducteur de Zilia,
le père de son meurtrier.

Hartley arriva pendant cette horrible scène; il reconnut sur-le-champ que tous les soins qu'il pourrait
donner à mistress Witherington étaient complètement
inutiles, et ayant appris de Winter, et même par les
discours incohérens du général, la nature des aveux
que celui-ci venait de faire, il chercha à mettre fin, s'il
était possible, à cette scène effrayante. Sachant combien le général était susceptible sur tout ce qui touchait
à la réputation, il lui rappela qu'il était en présence de
témoins; mais ce ressort, jadis si puissant sur l'esprit
de Witherington, avait cessé de pouvoir produire aucun effet.

— Peu m'importe que tout l'univers connaisse mon
crime et mon châtiment! s'écria le général. On ne dira
pas de moi que je crains la honte plus que je ne me re-
pens du crime. Je ne craignais la honte que pour Zilia,
et Zilia n'existe plus !

— Mais sa mémoire, général; épargnez la mémoire de
votre épouse; la bonne renommée de vos enfans y est
intéressée.

— Je n'ai plus d'enfans ! s'écria-t-il avec le ton du
plus violent désespoir. Mon Reuben est monté au ciel
pour préparer les voies à cet ange, qui vient de s'y
élever sur les flots d'une harmonie que les célestes de-
meures peuvent seules égaler. Mes deux autres chéru-
bins ne survivront pas à leur mère. Je serai, je suis
même déjà, je le sens, un père sans enfans.

— Je suis pourtant votre fils, répliqua Middlemas
d'un ton qui annonçait l'affliction, mais auquel se mêlait l'accent d'un sombre ressentiment; votre fils et celui
de la femme que vous avez épousée. Pâle comme la

voilà, je vous somme tous deux de reconnaître mes droits,
et j'invoque le témoignage de tous ceux qui sont ici.

— Misérable ! s'écria le père en fureur; peux-tu penser à tes droits sordides, entre la mort et le désespoir?
Toi, mon fils! — Tu es le démon qui a causé mon malheur en ce monde, et qui partagera ma misère éternelle
dans l'autre. — Fuis loin de mes yeux, et puisse ma
malédiction te poursuivre!

Les yeux fixés vers la terre, les bras croisés sur la
poitrine, le hautain et opiniâtre Middlemas semblait
encore méditer une réponse. Mais Hartley, Winter et
d'autres domestiques l'entourèrent, et le forcèrent à
quitter l'appartement. Pendant qu'ils cherchaient à lui
faire des remontrances, il parvint à leur échapper, courut aux écuries, où plusieurs chevaux dont on venait de
se servir pour aller chercher des secours étaient encore
sellés et bridés, sauta sur le premier qui se présenta à
lui, et partit au grand galop. Hartley en allait prendre
un autre pour le suivre, mais Winter et d'autres domestiques l'arrêtèrent en le conjurant de ne pas quitter
leur malheureux maître dans un moment où l'ascendant qu'il avait acquis sur lui pouvait seul modérer la
violence de ses passions.

— Il a reçu un coup de soleil dans l'Inde, lui dit
Winter à voix basse, et il est capable de tout dans ces
accès. Ces lâches ne peuvent le retenir, et moi, je suis
vieux et faible.

Convaincu que le général Witherington méritait plus
de compassion que Middlemas, qu'il n'avait d'ailleurs
aucun espoir de rejoindre, et qu'il croyait pouvoir abandonner à lui-même sans danger, quelque violente que

fût son agitation en ce moment, Hartley retourna où le cas plus urgent requérait ses soins plus immédiats.

Il trouva l'infortuné général luttant contre ses domestiques qui s'efforçaient de l'empêcher de se rendre dans l'appartement où ses enfans dormaient paisiblement, et criant d'une voix de tonnerre : — Réjouissez-vous, mes chers trésors; réjouissez-vous! — Il est parti celui qui aurait proclamé le crime de votre père et le déshonneur de votre mère; — il est parti, il ne reviendra jamais, celui qui a été cause de la mort de sa mère et de la ruine de son père! — Courage, mes enfans, votre père est avec vous! — Il saura se faire jour jusqu'à vous à travers cent obstacles!

Les domestiques, indécis et intimidés, se rangeaient enfin pour le laisser passer, quand Adam Hartley s'approcha : se plaçant en face du malheureux général, il le regarda d'un air ferme, et lui dit d'une voix forte, quoique basse : — Voulez-vous donc tuer vos enfans!

Witherington parut ébranlé dans sa résolution; cependant il fit une nouvelle tentative pour passer. Mais Hartley, le saisissant des deux mains par le collet de son habit, s'écria : — Vous êtes mon prisonnier, et je vous ordonne de me suivre.

— Ah! prisonnier! et pour haute trahison? Chien! tu es arrivé à l'instant de ta mort!

Sa raison était entièrement égarée; il tira un poignard de son sein, et la force et le courage du chirurgien ne lui auraient peut-être pas sauvé la vie, si Winter n'eût saisi le bras droit de son maître, et n'eût réussi à le désarmer.

— Je suis donc votre prisonnier, dit le général; traitez-moi civilement, et qu'il me soit permis de voir ma femme et mes enfans.

— Vous les verrez demain, répondit Hartley; quant à présent, suivez-nous, et sans résistance.

Le général le suivit avec la docilité d'un enfant, et avec l'air d'un homme qui souffre pour une cause dont il se fait honneur.

— Je ne rougis pas de mes principes, dit-il; je suis prêt à mourir pour mon roi.

Évitant d'irriter sa frénésie en contrariant l'idée bizarre qui s'était emparée de son imagination, Hartley conserva l'ascendant qu'il avait obtenu sur son malade. Il le fit conduire dans son appartement, et le fit mettre au lit, sans que l'infortuné y opposât aucune résistance. Après lui avoir administré une potion calmante, il ordonna à un domestique de coucher dans la chambre de son maître, et il resta lui-même près de son lit jusqu'au lendemain matin.

Le général Witherington s'éveilla avec toute sa raison, et parut sentir sa situation véritable; il en donna des preuves par ses gémissemens, ses larmes et ses sanglots. Lorsque Adam Hartley s'approcha de son lit, il le reconnut parfaitement, et lui dit : — Ne craignez plus rien, l'accès est passé. — Laissez-moi maintenant, et allez retrouver cet autre infortuné; qu'il quitte la Grande-Bretagne le plus promptement possible, et qu'il aille où son destin l'appelle et là où nous ne puissions jamais nous revoir. — Winter sait ce qu'il me faut, et il aura soin de moi.

Winter donna le même avis à Hartley. — A présent, lui dit-il, je puis répondre de la sûreté de mon maître ; mais, pour l'amour du ciel, empêchez qu'il ne revoie jamais ce jeune homme endurci !

———————

# CHAPITRE XXIV.

—————

« — Soit ! le monde est une huître ,
» Et mon sabre tranchant servira pour l'ouvrir ! »

En arrivant au logement qu'il occupait dans la petite ville de Ryde, le premier mot que prononça Hartley fut pour demander des nouvelles de son compagnon. Il était arrivé fort tard la nuit précédente ; il n'avait répondu à aucune des questions qu'on lui avait faites, s'il voulait souper, etc.; mais, prenant brusquement une lumière, il était monté dans sa chambre, dont il avait ensuite fermé la porte au double tour. Les domestiques avaient supposé qu'il était revenu au grand galop, qu'il avait la tête un peu échauffée, et qu'il ne voulait pas qu'on s'en aperçût.

Hartley monta à la chambre de son compagnon, non

sans quelque inquiétude, et ce ne fût qu'après avoir frappé et l'avoir appelé plusieurs fois, qu'il eut le plaisir de l'entendre répondre : — Qui est là ?

Hartley s'étant nommé, la porte s'ouvrit, et Middlemas parut complètement habillé, et ayant les cheveux frisés et poudrés. Il ne fallait que jeter un coup d'œil sur le lit pour voir qu'il ne s'était pas couché de la nuit précédente, et la physionomie de Richard, pâle et défaite, en offrait une nouvelle preuve. Ce fut pourtant avec une affectation d'indifférence qu'il s'exprima.

— Je vous félicite des progrès que vous avez faits dans la connaissance du monde, Adam, lui dit-il ; c'est précisément le moment d'abandonner l'indigent héritier pour s'attacher à celui qui est en possession de toute la fortune.

— J'ai passé toute la nuit près du général Witherington, répondit Hartley, parce qu'il est extrêmement mal.

— Dites-lui donc de se repentir de ses péchés. Le vieux Grey avait coutume de dire qu'un médecin avait aussi bon droit qu'un ministre à donner des avis spirituels. Ne vous souvenez-vous pas que le ministre Dulberry disait que le vieux docteur faisait un métier interlope ?

— Je suis surpris de vous entendre employer un pareil style dans les circonstances où vous vous trouvez.

— Oui, sans doute, répondit Middlemas avec un sourire amer ; il serait difficile à bien des gens de conserver leur sang-froid après avoir gagné et perdu un père, une mère, et un bel héritage, en un seul jour. Mais j'ai toujours eu une dose de philosophie.

. — Réellement je ne vous comprends pas, M. Middlemas.

— Comment! J'ai trouvé mes parens hier, n'est-il pas vrai? Ma mère, comme vous le savez, n'avait attendu que ce moment pour mourir, et mon père pour devenir fou; et j'en conclus que tout cela a été imaginé tout exprès pour me priver de mon héritage, puisque mon père a conçu tant de haine contre moi!.....

— Héritage! répéta Hartley au comble de la surprise en voyant le calme de Richard, et à demi tenté de croire que l'accès de démence du père était un mal héréditaire dans la famille. Au nom du ciel, reprenez vos sens, et chassez de votre esprit ces illusions. De quel héritage rêvez-vous?

— De celui de ma mère, bien certainement. — Elle doit avoir hérité de la fortune du vieux Monçada; et à qui cette fortune doit-elle descendre, si ce n'est à ses enfans? —Or, j'en suis l'aîné. — Ce fait est incontestable.

— Mais faites attention, Richard, — songez à ce que vous êtes.

— J'y songe. Qu'en résulte-t-il?

— Vous ne pouvez ignorer que, sans un testament en votre faveur, la loi ne vous accorde aucun droit d'héritage.

— Vous vous trompez, monsieur, je suis légitime. — Ces enfans malades que vous avez sauvés du trépas, ne sont pas plus légitimes que moi. — Oui, nos parens ne voulaient pas leur permettre de respirer l'air pur du ciel; et moi, ils me confiaient aux vents et aux vagues. — Je n'en suis pourtant pas moins leur fils légitime, aussi bien que ces faibles rejetons d'un âge avancé et

d'une santé délabrée. — Je les ai vus, Adam. — Winter
m'a conduit dans leur chambre pendant que nos parens
s'armaient de tout leur courage pour me recevoir dans
leur salon. — Je les ai vus, ces enfans de prédilection
pour qui l'on a dépensé les richesses des Indes afin qu'ils
dorment sur le duvet et qu'ils s'éveillent au sein de la
magnificence. — Moi, leur frère aîné, — moi l'héritier
légitime, — j'étais debout près de leur lit, couvert d'habits d'emprunt, et substitués depuis si peu de temps
aux haillons d'un hôpital. Leur chambre exhalait les
parfums les plus précieux, tandis que je sortais à peine
d'un lazaret pestilentiel. — Et moi, moi l'héritier légitime, je le répète, moi le gage de leur premier et de
leur plus tendre amour, c'était ainsi que j'étais traité !
— Est-il surprenant que mes regards aient produit l'effet
de ceux du basilic ?

— Vous parlez comme si vous étiez possédé du malin
esprit, Richard, ou vous êtes le jouet d'une étrange illusion.

— Vous vous imaginez qu'il n'existe de mariage légal
que pour ceux à qui un ministre à demi endormi a lu
certaines prières dans un vieux rituel ? — Cela peut
être vrai d'après vos lois anglaises. Mais l'Écosse fait un
prêtre de l'amour. Un vœu prononcé par un couple passionné, n'ayant pour témoin que la voûte azurée du fir-
mament, y protège une fille confiante contre le parjure
et l'inconstance, aussi bien que si un doyen avait célébré la cérémonie dans la plus pompeuse cathédrale
d'Angleterre. Bien plus encore ; si l'enfant de l'amour
est reconnu par le père à l'instant où il est baptisé, —
si le père présente la mère comme son épouse à des

étrangers respectables, les lois d'Écosse ne lui permettent pas de revenir ensuite sur la justice rendue ainsi à
la femme qu'il a outragée, et au fruit de leur amour
mutuel. Ce général Tresham, ou Witherington, a traité
ma malheureuse mère comme son épouse, en présence
de Grey et de plusieurs autres ; il l'a placée à ce titre
dans la maison d'un homme respectable ; il lui a donné
le même nom qu'il lui avait plu de prendre lui-même à
cette époque ; il m'a présenté au prêtre comme son fils
légitime ; et la loi d'Écosse, protectrice des enfans aban-
donnés, ne lui permettra pas de désavouer aujourd'hui
ce qu'il a si formellement reconnu. — Je sais quels sont
mes droits, et je suis déterminé à les faire valoir.

— Vous n'avez donc pas dessein de vous rendre à
bord du *Middlesex?* Songez-y bien, — vous perdrez votre
passage et votre commission.

— Mais je sauverai mon droit de naissance. Quand je
songeais à passer dans l'Inde, je ne connaissais pas mes
parens, et je ne savais comment faire valoir les droits
que j'avais sur eux. Cette énigme est expliquée. J'ai droit,
tout au moins, au tiers des biens de Monçada, et ils
sont très-considérables, d'après ce que m'a dit Winter.
Sans vous, et sans votre manière de traiter la petite-
vérole, la totalité m'aurait appartenu. Je ne pensais
guère, quand le vieux Grey était sur le point de se
voir arracher sa perruque pour avoir ordonné d'étein-
dre le feu et d'ouvrir les croisées, et pour défendre le
whisky coupé avec de l'eau, que le nouveau système
me coûterait tant de milliers de livres sterling.

— Vous êtes donc bien déterminé à suivre cette
marche étrange ?

— Je connais mes droits, et je suis déterminé à me faire rendre justice.

— M. Richard Middlemas, vous me faites pitié.

— M. Adam Hartley, je désire savoir pourquoi vous m'honorez de votre pitié.

— Pourquoi?... à cause de cet égoïsme enraciné qui peut songer à la fortune après la scène dont vous avez été témoin la nuit dernière. Pourquoi?..... parce que c'est une illusion insensée qui vous porte à croire que vous pouvez vous en mettre en possession.

— Moi égoïste! s'écria Middlemas; comment! je suis un fils respectueux cherchant à rétablir la réputation d'une mère calomniée. Moi visionnaire! comment! c'est à cet espoir que je me suis livré, quand la lettre écrite à Grey par le vieux Monçada, et me condamnant à une obscurité perpétuelle, éveilla en moi pour la première fois le sentiment de ma situation, et dissipa les rêves de mon enfance. Pensez-vous que je me fusse dévoué aux travaux serviles que je partageais avec vous, si ce n'eût été le seul moyen de conserver la trace de mes parens dénaturés, trace que je me proposais de suivre pour me présenter un jour à eux, et faire valoir, s'il était nécessaire, les droits d'enfant légitime. Le silence et la mort de Monçada ont déconcerté mes plans, et ce ne fut qu'alors que je songeai sérieusement au projet de passer dans les Indes.

— Vous étiez bien jeune pour avoir acquis une telle connaissance des lois d'Écosse à l'époque où nous avons commencé à vivre ensemble; mais je puis deviner qui vous a si bien instruit.

— Un personnage non moins entendu que Tom

Hillary. C'est à cause des bons avis qu'il m'a donnés à ce sujet, que je ne l'envoie pas à la potence en ce moment.

— Je m'en doutais, car, avant de quitter Middlemas, je l'ai entendu discuter cette question avec M. Lawford, et je me souviens qu'il établissait le point de droit comme vous venez de le faire.

— Et que lui répondit Lawford?

— Il convint que, dans les circonstances où le cas était douteux, de pareilles présomptions de légitimité pouvaient être admises, mais il ajouta qu'elles s'écroulaient devant des témoignages directs et positifs, comme, par exemple, la déclaration faite par la mère, de l'illégitimité de l'enfant.

— Mais il ne peut y avoir un pareil témoignage dans le cas qui me concerne, dit Middlemas à la hâte, et avec quelques signes d'alarme.

— Je crains de vous faire de la peine, M. Middlemas, mais je ne vous tromperai pas. Hier j'eus une longue conférence avec votre mère, mistress Witherington, qui vous reconnut pour son fils, mais né avant le mariage. Cette déclaration expresse mettra donc fin aux suppositions sur lesquelles vous fondez votre espoir. Si vous désirez entendre le contenu de cette déclaration, je puis vous satisfaire, car elle me l'a remise, écrite de sa propre main.

— Malédiction! verrai-je donc la coupe se briser à l'instant où je la porte à mes lèvres, murmura Richard. Mais reprenant un air de sang-froid, à l'aide de l'empire qu'il savait assez bien exercer sur lui-même, il pria Hartley de lui communiquer tous les renseignemens qu'il pouvait posséder. En conséquence, son ancien compagnon lui fit'le détail des incidens qui avaient précédé et suivi sa naissance, tandis que Middlemas, assis sur une malle, écoutait, avec un air de calme, un récit qui détruisait les brillantes espérances de richesse auxquelles il s'était si avidement livré.

Zilia Monçada était fille unique d'un riche juif portugais qui était venu à Londres pour y établir sa maison de commerce. Parmi le petit nombre de chrétiens qui fréquentaient sa maison, et qui quelquefois prenaient place à sa table, se trouvait Richard Tresham, issu d'une très bonne famille du Northumberland, qui s'était montré au premier rang des partisans de Charles-Édouard pendant sa courte invasion de 1745, et qui, quoique alors officier au service de Portugal, était encore suspect au gouvernement britannique, à cause de son courage bien connu et de ses principes jacobites. L'élégance et le savoir-vivre de ce jeune homme, et la complète connaissance qu'il avait de la langue et des mœurs portugaises, lui avaient valu l'intimité du vieux Monçada, et avaient, hélas! gagné le cœur de la simple Zilia, qui, belle comme un ange, connaissait aussi peu le monde et sa perversité, que l'enfant encore au berceau.

Tresham fit ses propositions à Monçada; mais il les fit peut-être de manière à montrer trop évidemment que le noble chrétien croyait se dégrader en recherchant l'alliance du juif opulent. Monçada lui refusa sa fille, et lui défendit de reparaître chez lui; mais il ne put empêcher les amans d'avoir des entrevues particulières. Tresham abusa des occasions que la pauvre Zilia lui fournissait si imprudemment, et la ruine de la jeune

juive en fut la suite. Cependant l'amant avait l'intention
bien sincère de réparer l'injure qu'il lui avait faite, et
après avoir formé divers plans de mariage secret, que
la différence de religion fit échouer, ils résolurent de
fuir en Écosse. La précipitation du voyage, les craintes
et les inquiétudes qui tourmentaient Zilia, accélérèrent
de quelques semaines l'époque où elle devait devenir
mère, de sorte qu'ils se trouvèrent obligés d'accepter
l'hospitalité et les secours de M. Grey. Ils n'étaient arrivés à Middlemas que depuis quelques heures, quand
Tresham apprit, grace à quelque ami vigilant, qu'un
mandat d'arrêt avait été décerné contre lui pour cause
de haute trahison. Sa correspondance avec Charles
Édouard avait été connue de Monçada pendant le temps
de leur intimité. L'esprit de vengeance porta le vieillard à dénoncer Tresham au gouvernement britannique, et, à sa requête, le nom de sa fille fut ajouté au
mandat qui fut lancé contre lui; précaution qui lui
semblait nécessaire pour le mettre en état de séparer sa
fille de son séducteur, s'il arrivait que les fugitifs fussent déjà mariés. Le lecteur sait déjà jusqu'à quel point
il réussit, et quelles mesures prit Monçada pour empêcher qu'on ne connût jamais l'existence de la preuve
vivante de la faiblesse de sa fille. Il emmena Zilia avec
lui, et la soumit à une contrainte sévère dont ses propres réflexions redoublèrent l'amertume. Sa vengeance
aurait été complète si l'auteur des infortunes de sa fille
avait été conduit à l'échafaud pour ses crimes politiques;
mais Tresham se réfugia chez des amis qu'il avait dans
les montagnes d'Écosse, et y resta caché jusqu'à ce
qu'on ne songeât plus à cette affaire.

Il entra ensuite au service de la Compagnie des Indes orientales, sous le nom de sa mère, Witherington, qui cacha le rebelle et le jacobite jusqu'à ce qu'on eût oublié ces dénominations. Lorsqu'il revint en Angleterre, son premier soin fut de prendre des informations sur la famille de Monçada. La renommée qu'il avait obtenue, la fortune considérable qu'il avait acquise, et sa conviction tardive que sa fille ne consentirait jamais à épouser que celui qui avait été l'objet de son premier amour, déterminèrent le vieillard à accorder au général Witherington le consentement qu'il avait refusé au major Tresham, pauvre et proscrit; les amans, après une séparation de quatorze ans, furent enfin unis par les nœuds d'un mariage légitime.

Le général Witherington consentit volontiers au désir prononcé de son beau-père, que tout souvenir de ce qui s'était passé autrefois fût enseveli dans l'oubli, en laissant vivre dans l'éloignement et dans l'obscurité le fruit d'un premier amour et d'une liaison malheureuse, sauf à veiller à ce que rien ne lui manquât dans la médiocrité à laquelle on le condamnait. Zilia pensait tout autrement. Son cœur lui parlait avec force pour ce premier objet de sa tendresse maternelle; mais elle n'osa pas se mettre en opposition à la volonté de son père, et à la détermination de son mari. Le premier, dont les préjugés religieux avaient beaucoup perdu de leur force par suite d'une longue résidence en Angleterre, avait consenti que sa fille embrassât la religion de son époux et de son pays; — le second, hautain comme nous l'avons représenté, se trouva fier de présenter la belle convertie à sa noble famille. La découverte du faux pas de sa première jeunesse aurait été un coup porté à sa réputation, ce qu'il redoutait plus que la mort; et sa femme ne put long-temps ignorer que, par suite d'une maladie dangereuse qu'il avait faite dans l'Inde, sa raison était quelquefois momentanément dérangée quand quelque événement lui faisait éprouver une violente agitation... Elle avait donc consenti sans murmure au système politique prescrit par Monçada, et auquel son époux avait donné une approbation entière. Cependant, même après que leur union légale eut été couronnée par d'autres enfans, ses pensées se reportaient souvent, avec une tendresse inquiète, sur le fils banni et négligé qu'elle avait pressé le premier sur son sein maternel.

Ces sentimens, nourris si long-temps quoique toujours subjugués, reçurent leur plein développement par la découverte inattendue de ce fils, délivré de la situation la plus misérable, et placé devant l'imagination de sa mère dans des circonstances si désastreuses.

En vain son mari l'avait assurée qu'il emploierait sa bourse et son crédit pour assurer l'avancement de son fils; elle ne put être satisfaite sans faire elle-même quelque chose pour adoucir la sentence de bannissement qui avait été ainsi prononcée contre son premier-né; et elle était d'autant plus pressée de le faire, qu'elle sentait combien était devenue délicate sa santé, après tant d'années de regrets et de contrainte.

Pour faire passer entre les mains de Richard l'offrande de la libéralité maternelle, mistress Witherington eut recours assez naturellement au ministère d'Adam Hartley, l'ancien compagnon de son fils, et qu'elle regardait,

depuis la guérison de ses deux jeunes enfans, comme
une sorte de divinité tutélaire. Elle lui remit entre les
mains une somme de deux mille livres sterling qui était
entièrement à sa disposition, en le priant, dans les
termes les plus pressans et les plus affectueux, de l'employer au service de Richard Middlemas, de la manière
qu'il jugerait lui-même la plus utile pour ce jeune
homme. Elle l'assura que s'il avait besoin d'autres secours, l'argent ne lui manquerait pas, et lui confia une
note pour la remettre en temps et lieu à son fils, c'est-
à-dire, quand il jugerait à propos de lui révéler le secret de sa naissance.

— O Benoni! ô fils de mon affliction! disait cette pièce
intéressante, à quoi bon les yeux de ta mère sollicite-
raient-ils la permission de te voir, puisqu'on a refusé
à ses bras le droit de te serrer contre son sein? Puisse
le dieu des juifs et des gentils veiller sur toi! Puisse-t-il
écarter, quand sa sagesse le jugera convenable, le nuage
ténébreux qui me sépare de mon bien-aimé, ce premier
fruit de mon affection malheureuse, de ma tendresse
profane. Ne te regarde pas, mon cher fils, non, ne te
regarde pas comme un exilé solitaire, puisque les prières
de ta mère s'élèveront, pour toi chaque jour au lever du
soleil et à son coucher, pour appeler sur ta tête toutes
les bénédictions du ciel, et supplier toutes les puis-
sances célestes de te protéger et de te défendre. Ne
cherche pas à me voir! pourquoi suis-je réduite à parler
ainsi? Mais il faut m'humilier jusque dans la poussière,
puisque c'est mon propre péché, ma propre folie que
j'en dois accuser. Mais ne cherche ni à me voir ni à me
parler, ce pourrait être la mort de tous deux. Confie

8

toutes tes pensées au digne Hartley, qui a été notre ange
gardien à tous ; il te donnera de bons avis ; et tout ce
que tu pourras désirer sera exécuté, si c'est au pouvoir
d'une mère. Et l'amour d'une mère ! est-il borné par
l'Océan ? Les déserts et la distance peuvent-ils en mesu-
rer les limites ? O fils de mon affliction ! ô Benoni ! que
ton esprit soit avec moi comme le mien est avec toi.

Z. M.

Tous ces arrangemens étant terminés, la malheureuse
mère insista auprès de son mari pour qu'il lui fût permis de voir son fils ; fatale entrevue, dont le dénouement fut si tragique. Hartley s'acquitta alors, comme
exécuteur de ses dernières volontés, de la mission dont
il avait été chargé comme son agent confidentiel.

— Bien certainement, pensa-t-il comme il allait quitter l'appartement après avoir donné à son compagnon
les détails qui précèdent, un charme comme celui-ci
forcera les démons de l'ambition et de la cupidité à
déloger du cœur dont ils s'étaient emparés.

Et dans le fait, le cœur de Richard aurait été formé
du plus dur rocher s'il n'avait pas été touché de ces
premières et dernières preuves de la tendresse de sa
mère. Il appuya sa tête sur une table, et ses larmes cou-
lèrent en abondance. Hartley le laissa seul plus d'une
heure, et à son retour il le trouva encore presque dans
la même attitude que lorsqu'il l'avait quitté.

— Je suis fâché de vous interrompre en ce moment,
lui dit-il, mais j'ai encore à m'acquitter d'une partie
de mon devoir. Il faut que je remette entre vos mains
le dépôt que votre mère m'a confié. — Et je dois aussi

vous rappeler que le temps s'écoule avec rapidité, et que vous avez à peine deux heures pour décider si vous persisterez dans votre projet de partir pour les Indes, d'après le nouveau point de vue que je viens de vous ouvrir de votre situation actuelle.

Middlemas tendit la main pour recevoir la somme que sa mère lui avait en quelque sorte léguée. Lorsqu'il leva la tête, Hartley put remarquer que ses joues offraient encore des traces de larmes. Cependant il compta les billets de banque avec une exactitude mercantile; et quoiqu'il prit la plume pour écrire une décharge avec un air d'affliction inconsolable, il rédigea sa quittance dans les termes les plus convenables, et en homme qui avait le plus parfait empire sur ses sens.

— Et maintenant, dit-il d'une voix triste, remettez-moi ces détails que vous a laissés ma mère.

Hartley tressaillit presque, et répondit à la hâte : — Vous avez déjà la lettre que cette pauvre dame vous a écrite. — Quant aux autres détails, c'est à moi qu'ils ont été adressés. — Cette pièce est mon autorisation pour disposer d'une somme considérable. — Elle concerne les droits de tierces personnes, et je ne puis m'en dessaisir.

— Certainement, vous feriez mieux de me la remettre, Hartley, répondit Middlemas, quand ce ne serait que pour me permettre de l'arroser de mes larmes. Mon destin a été bien cruel. Vous voyez que mes parens avaient le dessein incontestable de me faire leur héritier, et que ce dessein n'a été contrarié que par un accident. Et maintenant voici ma mère qui vient à moi avec une tendresse de mère ; et tandis qu'elle veut avancer

ma fortune, elle fournit des armes pour la détruire. —
Allons, allons, Hartley, — vous devez sentir que ma
mère n'a écrit ces détails que pour que j'en fusse instruit. Ils m'appartiennent légitimement , et j'insiste
pour que vous me les remettiez.

— Je suis fâché d'être obligé de persister dans mon
refus, répondit Hartley en replaçant dans sa poche la
pièce que désirait son compagnon. Vous devriez réfléchir que si le résultat de notre entretien a été de détruire les espérances frivoles et sans fondement auxquelles vous vous êtes livré, il a en même temps plus
que triplé votre capital; et que s'il se trouve dans le
monde quelques centaines ou quelques milliers d'individus plus riches que vous, il en existe aussi bien des
millions qui ne sont pas à moitié si bien partagés. Affer-
missez-vous donc contre la fortune, et ne doutez pas
que vous ne réussissiez dans le monde.

Ces paroles semblèrent pénétrer dans l'esprit sombre
de Middlemas. Il garda le silence un instant, et répondit comme à contre-cœur, mais d'une voix insinuante :

— Mon cher Hartley, nous avons été long-temps
compagnons, — vous ne pouvez avoir ni plaisir ni intérêt à ruiner mes espérances, et vous pouvez en trouver à les favoriser. — La fortune de Monçada me mettra
en état de faire un présent de cinq mille livres à l'ami
qui voudra me servir.

— Je vous souhaite le bonjour, M. Middlemas, dit
Hartley en faisant un mouvement pour se retirer.

— Un moment! un moment! s'écria Richard en saisissant en même temps un bouton de son habit pour
l'arrêter; c'est dix mille livres que je voulais dire, —

et — et épousez qui vous voudrez, je n'y mettrai aucun obstacle.

— Vous êtes un misérable, s'écria Hartley en s'arrachant à lui, et c'est ce que je vous ai toujours cru.

— Et vous, répondit Middlemas, vous êtes un fou, et je ne vous ai jamais cru autre chose. — Le voilà parti. — Qu'il s'en aille! — La partie est jouée et perdue. — Il faut que j'assure la gageure, et c'est l'Inde qui doit m'en fournir les moyens.

Tout était prêt pour son départ. Un petit bâtiment poussé par un vent favorable le conduisit aux Dunes avec quelques autres militaires; et le navire de la Compagnie des Indes, à bord duquel ils devaient quitter l'Europe, était prêt à les recevoir.

Ses premières sensations n'eurent rien de bien consolant; mais, habitué dès son enfance à cacher les sentimens de son cœur, il parut, au bout de huit jours, le passager le plus gai et le mieux élevé qui eût jamais bravé la longue et ennuyeuse traversée qui sépare la vieille Angleterre de ses possessions dans l'Inde. A Madras, où l'humeur sociable des habitans se livre aisément à une sorte d'enthousiasme en faveur de tout étranger qui annonce des qualités agréables, il reçut cet accueil hospitalier qui est le caractère distinctif des Anglais dans l'Orient.

Middlemas fut parfaitement reçu dans la société; et il était en bon chemin de devenir un homme indispensable dans toutes les fêtes qui se donnaient dans cette ville, quand le bâtiment à bord duquel Hartley remplissait les fonctions de chirurgien en second arriva dans le même port. Son grade ne lui aurait pas donné

8.

droit à beaucoup d'attentions et de civilités ; mais ce désavantage disparut devant les lettres de recommandation écrites en sa faveur, dans les termes les plus forts, aux principaux habitans de cette ville, par Witherington et par quelques-uns des membres les plus distingués de la Compagnie, amis du général. Il se trouva donc encore une fois roulant dans la même sphère que Middlemas, et il n'eut d'autre alternative que de vivre avec lui sur le pied d'une politesse froide, ou de rompre entièrement.

Le premier de ces deux partis aurait peut-être été le parti le plus sage, mais le second était plus naturel au caractère simple et franc d'Adam Hartley, qui ne trou vait ni convenable ni agréable de maintenir une apparence de liaison amicale, pour cacher une haine, un mépris et un dégoût mutuels.

La société du fort Saint-Georges était moins nombreuse à cette époque qu'elle ne l'est devenue depuis ce temps. La froideur qui régnait entre les deux jeunes gens ne put échapper aux observations. Il transpira qu'ils avaient été autrefois amis et compagnons d'études ; et cependant on les voyait hésiter à accepter des invitations aux mêmes parties. Le bruit public donnait à cette rupture prononcée des causes différentes et difficiles à concilier ; Hartley n'y faisait aucune attention ; mais le lieutenant Middlemas avait soin de favoriser les rumeurs qui représentaient le motif de leur querelle sous le jour le plus favorable pour lui.

— C'était une bagatelle, une rivalité, qui avait eu lieu entre eux, dit-il un jour à quelques personnes qui le pressaient d'entrer en explication. Il avait seulement eu l'avantage d'obtenir les bonnes graces d'une belle dame, de préférence à son ami Hartley, qui, comme on le voyait, n'avait pu le lui pardonner. Il trouvait fort ridicule de conserver de la rancune à une si grande distance, et après que tant de temps s'était écoulé ; il en était fâché, plutôt à cause de l'étrange apparence que cela pouvait avoir que pour tout autre motif, quoique son ami eût réellement de bonnes qualités.

Pendant que ces bruits produisaient leur effet dans la société, ils n'empêchaient pas Hartley de recevoir du gouvernement de Madras les encouragemens les plus flatteurs et les assurances d'obtenir de l'avancement dès que l'occasion s'en présenterait. Effectivement il ne tarda pas à être informé qu'un poste lucratif dans sa profession lui avait été accordé dans un département plus éloigné, et cette promotion l'obligea à s'éloigner pour quelque temps des environs de Madras.

Hartley partit donc pour son expédition lointaine, et l'on remarqua qu'après son départ le caractère de Middlemas commença à se montrer sous des couleurs moins agréables, comme s'il eût été délivré de quelques entraves. On vit ce jeune homme, dont les manières avaient été si affables et si courtoises pendant les premiers mois qui avaient suivi son arrivée dans l'Inde, manifester les symptômes d'un esprit hautain et impérieux. Pour des raisons que le lecteur peut deviner, mais qui ne paraissaient qu'une pure fantaisie au fort Saint-Georges, il avait ajouté le nom de Tresham à celui sous lequel il avait été connu jusqu'alors, et il persistait à le prendre avec une obstination qui appartenait à l'orgueil plus qu'à l'astuce de son caractère. Le lieutenant-colonel du régiment, vétéran un peu bourru, ne voulut pas céder à ce qu'il appelait l'humeur fantasque du capitaine, car tel était alors le grade de Middlemas.

— Il ne connaissait aucun officier, disait-il, que par le nom qu'il portait dans sa commission, et *capitaine Middlemas* était le nom qu'il donnait à Richard en toute occasion.

Un soir fatal, le capitaine fut tellement piqué, qu'il dit d'un ton impérieux qu'il devait savoir mieux que personne quel était son nom.

— Ma foi, capitaine Middlemas, répliqua le lieutenant-colonel, vous connaissez le proverbe qui dit que c'est un enfant savant que celui qui connaît son père ; ainsi donc, comment un homme peut-il être si sûr de son propre nom ?

C'était un trait décoché au hasard ; mais il trouvait le défaut de l'armure. En dépit de tout ce qu'on fit pour arranger l'affaire, Middlemas persista à appeler en duel le lieutenant-colonel, qu'on ne put déterminer à une excuse.

— Si le capitaine Middlemas, dit-il, pense que le chapeau lui va bien, il est bien le maître de le porter.

Il en résulta un rendez-vous dans lequel, après que les deux parties eurent échangé leur feu sans se blesser, les seconds essayèrent d'amener une réconciliation. Middlemas s'y refusa, et au second feu il eut le malheur de tuer son officier supérieur. Cet événement le força à fuir des établissemens anglais ; car, étant universellement blâmé d'avoir poussé les choses à cette extrémité, on ne pouvait guère douter que le délin-

quant ne fût jugé avec toute la sévérité de la discipline
militaire. Middlemas disparut donc du fort Saint-Georges, et malgré le bruit que cette affaire avait fait dans
le moment, on cessa bientôt d'en parler. On crut, en
général, qu'il était allé chercher à la cour de quelque
prince du pays cette fortune à laquelle il ne pouvait
plus aspirer dans les établissemens britanniques.

# CHAPITRE XXV.

Trois ans se passèrent après la fatale rencontre mentionnée dans le dernier chapitre ; et le docteur Hartley, étant de retour de la mission dont il avait été chargé, et qui n'était que temporaire, reçut des encouragemens qui le décidèrent à s'établir à Madras en qualité de médecin. Après avoir pris ce parti, il eut bientôt lieu de penser qu'il était entré dans une carrière qui pouvait le conduire à la fortune et assurer sa réputation. Sa pratique n'était pas resserrée dans le cercle de ses concitoyens ; ses avis étaient également recherchés par les naturels du pays, qui, quels que puissent être, sous d'autres rapports, leurs préjugés contre les Européens, estiment universellement leurs talens supérieurs dans l'art de guérir. Cette branche lucrative d'occupations obligea Hartley à apprendre les langues orientales, afin de pouvoir communiquer avec ses malades sans avoir besoin d'un interprète. Il ne manqua pas d'occasions pour employer les nouvelles connaissances qu'il acquit ainsi ; car, comme il avait coutume de le dire en plai-

santant, en reconnaissance des émolumens considé-
rables qu'il recevait de l'opulent Indou et du riche
musulman, il donnait des avis gratuits aux pauvres de
toutes les nations qui désiraient le consulter.

Il arriva qu'un soir il reçut un message du secrétaire
du gouvernement, qui l'invitait à aller voir sur-le-champ
un malade de quelque importance. Ce n'est pourtant,
après tout, qu'un fakir, disait la lettre. Vous le trouverez au tombeau du saint docteur mahométan Cara-
Razi, à environ un coss du fort. Vous le demanderez
sous le nom de Barak-el-Hadgi. Il n'y a pas d'honoraires à attendre d'un tel malade, mais nous connaissons tout votre désintéressement; et d'ailleurs c'est le
gouvernement qui se chargera de vos honoraires en
cette occasion.

— C'est la dernière chose à laquelle il faut penser,
dit Hartley; et montant dans son palanquin, il se rendit
à l'instant même à l'endroit qui lui avait été indiqué.

Le tombeau de l'Owliat, ou du saint mahométan
Cara-Razi, était l'objet d'une vénération respectueuse
pour tout bon musulman. Il était situé au centre d'un
bosquet de mangos et de tamariniers, construit en
pierre rouge, surmonté de trois dômes, avec trois minarets. Il y avait en face, suivant l'usage, une cour
autour de laquelle étaient des cellules construites pour
le logement des fakirs qui venaient visiter ce tombeau
par des motifs de dévotion, et qui y restaient plus ou
moins long-temps, comme ils le jugeaient convenable,
y vivant des aumônes que les fidèles ne manquaient jamais de leur donner en échange de leurs prières. Ces
fakirs s'occupaient nuit et jour à lire des versets du

Coran devant la tombe, qui était construite en marbre
blanc, et sur laquelle on avait gravé des sentences tirées du livre du Prophète, ainsi que les divers titres
donnés par le Coran à l'Être Suprême. Un tombeau
semblable, et il en existe un grand nombre, est toujours, avec tout ce qui en dépend, respecté pendant la
guerre et les révolutions, autant par les Indous et les
Féringis, c'est-à-dire les Francs ou Européens, que par
les mahométans eux-mêmes. Ce respect s'étend jusque
sur les personnes qui sont attachées au monument. Les
fakirs, en retour, servent d'espions à tous les partis, et
sont souvent chargés de missions secrètes et importantes.

Se conformant à la coutume musulmane, notre ami
Hartley laissa ses souliers à la porte de l'enceinte sa-
crée, et évitant d'offenser personne en s'approchant
de la tombe, il s'avança vers le principal Mullah ou
prêtre, qu'on distinguait à la longueur de sa barbe
et à la grosseur des grains du chapelet avec lequel les
musulmans, comme les catholiques, comptent leurs
prières. Un tel personnage, vénérable par son âge,
par la sainteté de son caractère et par son mépris réel
ou supposé pour les biens et les jouissances du monde,
est regardé comme le chef d'un établissement de ce
genre.

D'après le grade qu'il occupe, le Mullah peut avoir
avec des étrangers plus de communications que ses plus
jeunes confrères. Ceux-ci, en cette occasion, restèrent
les yeux fixés sur le Coran, et continuèrent à murmurer
leurs prières sans regarder l'Européen, et sans faire
attention à ce qu'il disait, tandis qu'il demandait à leur
supérieur où il trouverait Barak el Hadgi.

Le Mullah était assis par terre; il ne se leva point, ne donna aucune marque d'égard à l'étranger, et continua à compter sans interruption les grains de son chapelet pendant qu'Hartley lui parlait. Quand celui-ci eut fait sa question, le vieillard leva les yeux sur lui, et le regardant avec un air de distraction, comme s'il eût cherché à se rappeler ce qu'il venait de dire, il lui montra enfin du doigt une des cellules, et reprit ses exercices de dévotion avec l'air d'impatience d'un homme qui ne pouvait souffrir que rien au monde détournât son attention de ses devoirs sacrés, ne fût-ce que pour un moment.

Hartley entra dans la cellule qui lui avait été désignée, en adressant au malade le salut ordinaire *salam alaikum*. Il le trouva couché sur un petit tapis, dans le coin de sa cellule badigeonnée en blanc. C'était un homme d'environ quarante ans, portant la robe noire de son ordre, déchirée et rapiécée; il avait sur la tête un grand bonnet en forme de cône, de feutre de Tartarie, et autour du cou le chapelet de grains noirs qui annonçait sa profession. Ses yeux et son attitude indiquaient des souffrances qu'il supportait avec la patience d'un stoïcien.

— *Salam alaikum*, dit Hartley; vous souffrez, mon père? — Titre qu'il accordait à la profession plutôt qu'à l'âge de l'individu auquel il s'adressait.

— *Salam alaikum bema sebastem*, il est heureux pour nous de souffrir avec patience, répondit le fakir : le Livre dit que tel sera le salut adressé par les anges à ceux qui entrent dans le paradis.

La conversation étant entamée de cette manière, le médecin fit les questions nécessaires pour s'assurer de

la situation du malade; et après lui avoir ordonné les
remèdes qu'il crut convenables, il allait se retirer,
quand, à sa grande surprise, le fakir lui offrit une
bague de quelque valeur.

— Les sages, dit Hartley en refusant d'accepter ce
présent et en faisant en même temps un compliment
convenable à la robe et au bonnet du fakir; les sages de
tous les pays sont frères; ma main gauche ne reçoit pas
de salaire de ma droite.

— Un féringi peut donc refuser de l'or! dit le fakir.
Je croyais qu'ils le recevaient tous de toute main, qu'elle
fût aussi pure que celle d'une houri, ou aussi lépreuse
que celle de Géhazi. — Comme le chien affamé s'inquiète peu si la chair qu'il dévore est celle du chameau
du prophète Saleth ou celle de l'âne de Dégial, dont la
tête soit maudite!

— Le Livre dit, répondit Hartley, que c'est Allah qui
ouvre et qui ferme le cœur. Le Franc et le Musulman
ont été également jetés dans le moule de sa volonté.

— Mon frère a parlé avec sagesse, reprit le fakir.
Heureuse la maladie, quand elle vous fait faire connaissance avec un sage médecin! Car que dit le poète? —
Il est heureux de tomber à terre, si, pendant que vous
y êtes étendu, vous trouvez un diamant.

Le médecin fit plusieurs visites à son malade, et continua même à le voir après que la santé d'El Hadgi fut
entièrement rétablie. Il n'eut pas de peine à découvrir
en lui un de ces agens secrets fréquemment employés
par les souverains d'Asie. Son intelligence, ses connaissances, et surtout son caractère versatile, et libre
de toute espèce de préjugés, ne lui laissèrent aucun

doute que Barak ne possedât les qualités nécessaires pour conduire des négociations délicates; tandis que la gravité de ses habitudes et de sa profession ne pouvait empêcher ses traits d'exprimer une gaieté qui ne se trouve pas ordinairement dans les individus de cette classe.

Dans leurs entretiens particuliers, Barak el Hadgi parlait souvent du pouvoir et de la dignité du nabab de Mysore; et Hartley ne douta guère qu'il ne fût venu de la cour d'Hyder Ali, chargé de quelque mission secrète, peut-être pour établir une paix plus solide entre ce prince habile et prudent, et le gouvernement de la Compagnie des Indes orientales, que celle qui existait alors, et qu'on ne regardait guère, des deux côtés, que comme une trève aussi peu stable que peu sincère. Il lui rapporta plusieurs traits faisant honneur à ce prince, qui fut sans contredit un des souverains les plus sages que l'Indostan puisse citer avec orgueil, et qui, parmi de grands crimes, commis pour satisfaire son ambition, donna maintes preuves d'une générosité royale, et, ce qui était plus rare, d'une justice impartiale.

Peu de temps avant son départ de Madras, Barak El Hadgi alla voir le docteur, et prit avec lui du sorbet, qu'il préparait lui-même, peut-être parce que quelques verres de rum ou d'eau-de-vie, qui y étaient ordinairement ajoutés, lui donnaient une saveur plus forte; ce fut probablement par suite des rasades répétées qu'il puisa dans le vase contenant ce généreux fluide, que le fakir devint moins réservé que de coutume dans ses discours, et ne se contentant plus de louer son nabab avec l'éloquence la plus hyperbolique, commença à parler du crédit dont il jouissait lui-même sur l'Invincible, le Bouclier de la Foi du Prophète.

— Frère de mon ame, lui dit-il, regarde si tu as besoin de quelque chose que le tout-puissant Hyder Ali Kan Bahauder puisse accorder ; et en ce cas, ne cherche pas la protection de ceux qui demeurent dans des palais et qui portent des joyaux à leurs turbans, mais plutôt la cellule de ton frère, dans la Grande Cité, c'est-à-dire, Seringapatam; et le pauvre fakir, avec sa robe déchirée, te servira mieux près du nabab ( car Hyder ne prenait pas le titre de sultan), que ceux qui sont assis sur des sièges d'honneur dans le divan.

Ce fut en ces termes, et avec d'autres expressions amicales, qu'il invita Hartley à se rendre dans le Mysore, pour voir en face le grand prince dont le regard inspirait la sagesse, et dont un geste conférait l'opulence, de sorte que la folie et la pauvreté ne pouvaient paraître devant lui. Il lui offrit en même temps de s'acquitter des soins que lui avait prodigués le docteur, en lui faisant voir tout ce qui méritait l'attention d'un sage dans le pays de Mysore.

Hartley n'eut aucune répugnance à lui promettre d'entreprendre le voyage qui lui était proposé, si la continuation d'une bonne intelligence entre les deux gouvernemens lui permettait d'exécuter ce projet; et dans le fait, il regardait la possibilité d'un tel événement comme un objet de grand intérêt. Les deux amis se séparèrent en se souhaitant mutuellement toutes sortes de prospérités; et, suivant l'usage de l'Orient, ils échangèrent des présens convenables à des sages à qui la science était censée plus précieuse que la richesse.

Barak El Hadgi offrit à Hartley une petite quantité de baume de la Mecque, qu'on trouve très-difficilement sans qu'il soit falsifié, et il lui donna en même temps un passe-port écrit dans un caractère particulier, en l'assurant qu'il serait respecté par tout officier du nabab, si son ami se trouvait disposé à faire un voyage dans le Mysore. — La tête de celui qui manquerait de respect pour ce sauf-conduit, ajouta-t-il, ne serait pas plus sûre que celle du brin d'orge qui est dans la main du moissonneur.

Hartley répondit à ces civilités en lui offrant quelques médicamens peu connus dans l'Orient, et qu'il crut, en y joignant les instructions convenables, pouvoir confier sans danger aux mains d'un homme aussi intelligent que son ami musulman.

Ce fut plusieurs mois après le départ de Barak pour retourner dans l'intérieur de l'Inde, que le docteur Hartley fut surpris de faire une rencontre inattendue.

Les bâtimens d'Europe étaient arrivés tout récemment, et avaient amené leur cargaison ordinaire de jeunes gens brûlant du désir de devenir maîtres de navire, et de jeunes filles n'ayant aucune envie de se marier, mais qu'un pieux sentiment de devoir pour un frère, un oncle, ou quelque autre parent, conduisait dans l'Inde pour y tenir sa maison, jusqu'à ce que, sans y songer, elles en eussent une elles-mêmes. Il arriva que le docteur Hartley fut invité à un grand déjeuné que donna, en cette occasion, un homme qui tenait un rang élevé dans le gouvernement de l'Inde. La maison de son ami avait été récemment enrichie de trois nièces, que le vieillard, justement attaché à son

paisible hookah (1), et, disait-on, à une jolie fille de
couleur, désirait présenter au public, afin d'avoir une
meilleure chance pour s'en débarrasser le plus tôt possible. Hartley, qu'on regardait comme un poisson qui
valait la peine qu'on amorçât l'hameçon pour le prendre,
contemplait ce trio de graces avec fort peu d'intérêt,
quand il entendit quelqu'un de la compagnie dire à
demi-voix à son voisin :

— Anges et ministres du ciel! voici notre ancienne
connaissance, la reine de Saba, qui nous retombe sur
les bras comme une pacotille de marchandises invenda-
bles !

Hartley suivit des yeux la direction des regards des
deux interlocuteurs, et aperçut une femme semblable
à une Sémiramis, d'une taille et d'un embonpoint peu
ordinaires, portant une espèce de robe de voyage, mais
taillée, festonnée et galonnée de manière à ressembler à
la tunique de dessus d'un chef des naturels du pays.
Cette robe, en soie cramoisie, était brodée en fleurs
d'or. La dame avait de larges pantalons de soie bleu de
ciel ; un beau schall écarlate lui servait de ceinture, et
soutenait un cric (2), dont la poignée était richement
travaillée. Son cou et ses bras étaient surchargés de col-
liers et de bracelets ; et son turban, formé d'un schall
semblable à celui qui lui serrait la taille, était décoré
d'une magnifique aigrette, de laquelle tombaient des
deux côtés deux plumes d'autruche, l'une bleue et

(1) Pipe d'une forme particulière, dont on se sert dans les Indes.
TR.

(2) Poignard des Malais. — TR.

l'autre rouge. Son front, qui avait le teint de l'Europe, et sur lequel reposait cette tiare, était trop élevé pour être précisément beau, mais semblait fait pour le commandement. Son nez aquilin conservait sa forme, mais ses joues étaient un peu enfoncées, et son visage était si brillant, qu'il laissait deviner que l'art l'avait repeint depuis qu'elle avait quitté son lit. Une esclave noire, richement vêtue, était derrière elle, tenant un chowry, ou queue de vache, à manche d'argent, dont elle se servait pour écarter les mouches. D'après la manière dont lui adressaient la parole ceux qui lui parlaient, cette dame paraissait une femme trop importante pour qu'on pût la négliger ou lui manquer de respect, et pourtant personne ne semblait désirer d'avoir avec elle des relations plus particulières que ne paraissait l'exiger la bienséance.

Elle n'était pourtant pas sans recevoir des attentions. Le capitaine d'un bâtiment de la Compagnie des Indes nouvellement arrivé, homme bien connu, lui faisait une cour assidue; et deux ou trois individus que le docteur Hartley savait être dans le commerce, lui prodiguaient des soins comme s'il se fût agi de la sûreté d'un navire richement chargé.

— Pour l'amour du ciel, qui est donc cette Zénobie? demanda Hartley à la personne dont l'observation faite à demi-voix avait d'abord attiré son attention.

— Est-il possible que vous ne connaissiez pas la reine de Saba? lui répondit celui à qui il s'adressait, et qui était d'un caractère communicatif; il faut donc que vous sachiez qu'elle est fille d'un émigré écossais, sergent dans le régiment de Lally, qui a vécu et qui est mort à Pondichéry. Elle est venue à bout d'épouser un officier, un partisan suisse ou français, je ne saurais dire lequel. Après la reddition de Pondichéry, ce héros et cette héroïne..... Mais à quoi diable pensez-vous? Si vous la regardez de cette manière, vous occasionerez une scène; car elle ne se gênera pas pour vous chercher querelle d'un bout de la table à l'autre.

, Mais, sans écouter les remontrances de son ami, Hartley se leva brusquement de table, et s'avança, sans trop d'égard pour le décorum que prescrivent les règles de la société, vers le côté où la dame en question était assise.

—Le docteur a sûrement perdu l'esprit ce matin, dit son ami le major Mercer au vieux quartier-maître Calder.

Véritablement Hartley n'avait peut-être pas tout-à-fait le libre usage de sa raison; car tout en écoutant les détails que lui donnait le major Mercer, et en regardant la reine de Saba, ses yeux tombèrent sur une taille svelte et légère assise près d'elle, comme si elle eût voulu s'éclipser à l'abri de l'embonpoint et de l'ampleur de la robe dont nous avons fait la description; et, à son extrême surprise, il reconnut que cette taille appartenait à l'amie — à l'amie de sa première jeunesse, — à Menie Grey.

La voir dans l'Inde était une chose surprenante en elle-même; la voir placée en apparence sous une protection si étrange, augmenta encore beaucoup son étonnement. S'ouvrir un chemin jusqu'à elle et lui adresser la parole, lui parut le moyen le plus simple et le plus naturel de satisfaire tous les sentimens que sa vue avait excités en lui.

Son impétuosité se modéra pourtant, lorsqu'en approchant de miss Grey et de sa compagne, il vit que la première, quoiqu'elle le regardât, ne fît pas le moindre signe qui indiquât qu'elle le reconnaissait, à moins qu'il ne dût interpréter ainsi le geste de placer un instant son index sur ses lèvres, geste qui, s'il n'était pas l'effet du hasard, pouvait vouloir dire : Ne me parlez pas en ce moment. Hartley, adoptant cette interprétation, s'arrêta tout court, sentant fort bien qu'il devait faire alors une singulière figure.

Il en fut encore mieux convaincu quand, d'une voix dont la force répondait à son air impératif, mistress Montreville lui adressa la parole en anglais, mais avec un léger accent de patois suisse : — Vous vous êtes approché de nous bien vite pour ne nous rien dire, monsieur ; êtes-vous bien sûr qu'on ne vous a pas volé votre langue en chemin ?

— Je croyais, madame, balbutia Hartley, avoir reconnu en cette dame une ancienne amie ; mais il paraît que je me suis trompé.

— Ces bonnes gens me disent que vous êtes le docteur Hartley ; mais ni mon amie ni moi nous ne connaissons le docteur Hartley.

— Je n'ai pas la présomption de prétendre à être connu de vous, madame ; mais.. ...

Ici Menie répéta le signal, mais d'une telle manière, que, quoique ce ne fût que le geste d'un instant, il fut impossible à Hartley de se méprendre sur ce qu'il voulait dire. Il changea donc la fin de sa phrase et ajouta :
— Mais il ne me reste qu'à vous saluer et à vous demander pardon de ma méprise.

Il se retira, et se mêla dans la compagnie, ne pouvant se résoudre à quitter la chambre, et faisant à ceux qu'il regardait comme les meilleurs débitans de nouvelles, des questions dans le genre de celle-ci : — Quelle est cette femme qui se donne de si grands airs, M. Butler?

— Oh! la reine de Saba, bien certainement.

— Et qui est cette jolie fille qui est assise près d'elle?

— Ou derrière elle plutôt, répondit Butler, aumônier d'un régiment; sur ma foi, je ne saurais vous le dire. — Jolie, dites-vous? — Il dirigea vers elle sa lorgnette. — Oui, sur ma foi, elle est bien, — fort bien. — Morbleu! Quels regards animés elle lance de derrière cette vieille tour! C'est Teucer derrière le bouclier d'Ajax fils de Télamon.

— Mais qui est-elle? Pouvez-vous me le dire?

— Probablement quelque spéculation en peau blanche de la vieille Montreville; je suppose qu'elle l'a prise pour lui servir de souffre-douleur, ou pour en trafiquer avec quelqu'un de ses amis basanés. — Est-il possible que vous n'ayez jamais entendu parler de la mère Montreville?

— Vous savez que j'ai été si long-temps absent de Madras.....

— Eh bien, cette dame est veuve d'un officier suisse au service de France. Après la reddition de Pondichéry, il s'enfonça dans le pays, et porta les armes pour son propre compte. Il s'empara d'un fort, et s'en maintint en possession sous prétexte de le garder pour quelque rajah, je ne saurais dire lequel; il rassembla autour de lui une bande de vagabonds déterminés, de toutes les couleurs de l'arc-en-ciel; se rendit maître d'un terri-

toire considérable, et finit par se déclarer indépendant.
Mais Hyder Naig n'entendait pas ce commerce interlope, il arriva avec une armée, assiégea le fort et le
prit, quoique certaines gens prétendent qu'il en fut mis
en possession par la trahison de cette femme. Quoi qu'il
en soit, le pauvre Suisse fut trouvé mort sur les rem-
parts. Ce qui est certain, c'est que sa veuve reçut des
sommes d'argent très-considérables, sous prétexte de
licencier ses troupes, de rendre ses forts sur les montagnes, et Dieu sait pour quels autres motifs. Il lui fut
même permis de conserver une ombre de souveraineté ;
et comme elle avait coutume de parler d'Hyder comme
du Salomon de l'Orient, elle devint généralement connue sous le titre de reine de Saba. Elle quitte sa cour
quand bon lui semble ; et ce n'est pas la première fois
qu'elle vient au fort Saint-Georges. En un mot, elle fait
à peu près tout ce qu'elle veut. Les autorités ici lui té-
moignent des égards, quoiqu'on la regarde à peu près
sous le même jour qu'un espion. Quant à Hyder, on
suppose qu'il s'est assuré de sa fidélité en lui emprun-
tant la majeure partie de ses trésors, ce qui l'empêche
d'oser rompre avec lui, — indépendamment d'autres
causes qu'on y assigne, et qui reposent sur des bruits
d'une autre sorte.

—C'est une singulière histoire, dit Hartley à son
compagnon, tandis que son cœur cherchait à s'expliquer comment il pouvait se faire que la douce et simple
Menie se trouvât à la suite d'une femme comme cette
aventurière.

—Mais Butler ne vous en a pas dit le meilleur, dit
le major Mercer, qui arriva en ce moment pour achever

l'histoire qu'il avait commencée. Votre ancienne connaissance, M. Tresham, M. Middlemas, ou quelque autre nom qu'il lui plaise de se donner, a eu l'honneur de laisser croire qu'il a été fort avant dans les bonnes graces de cette Boadicée. Il a certainement commandé quelques troupes qu'elle conserve encore sur pied, et il a combattu à leur tête au service du nabab, qui a eu l'astuce de l'employer à tout ce qui pouvait le rendre odieux à ses concitoyens. Il fut chargé de la garde des prisonniers anglais; et, à en juger par ce que j'éprouvai moi-même, le diable aurait pu prendre de lui des leçons de sévérité.

— Et était-il attaché à cette femme ? avait-il des liaisons avec elle ?

— C'est du moins ce que mistress Renommée nous disait dans notre cachot. Le pauvre Jack Ward reçut une bastonnade pour avoir célébré leur mérite en parodiant une chanson bien connue :

> Couple si bien assorti
> Ne put jamais vivre ensemble...

Hartley ne put en écouter davantage. Le destin de Menie Grey, se rattachant à un tel homme et à une telle femme, s'offrit à son imagination sous les couleurs les plus horribles, et il s'efforçait de se faire jour à travers la foule pour gagner quelque endroit où il pût mettre de l'ordre dans ses idées, et réfléchir à ce qu'il serait possible de faire pour la protéger, quand un domestique nègre, lui touchant le bras, lui glissa une carte dans la main. Il y lut ces mots : « Miss Grey, chez mistress Montreville, maison de Ram Sing Cottah, dans la

Ville Noire. » De l'autre côté était écrit au crayon :
« Huit heures du matin. »

Cet avis, qui lui était donné du lieu où demeurait
Menie, semblait naturellement sous-entendre la permission
et même l'invitation de se rendre chez elle à l'heure
indiquée. Le cœur d'Adam Hartley battit à l'idée de la
revoir, et encore plus vivement à celle de pouvoir lui
être utile. — Du moins, pensa-t-il, si elle est entourée
de quelques dangers, comme il y a tout lieu de le craindre,
elle ne manquera ni de conseils ni de protection,
si elle en a besoin. Cependant il sentit en même temps
la nécessité de mieux connaître les circonstances dans
lesquelles elle se trouvait, et les personnes avec qui elle
semblait liée. Butler et Mercer avaient parlé d'elle en
termes fort peu honorables; mais Butler était un jeune
fat, et Mercer un vieux bavard. Tandis qu'il réfléchissait
au degré de confiance qu'il devait accorder à leur
témoignage, il fit la rencontre imprévue d'un homme
de sa profession, d'un chirurgien attaché aux armées,
qui avait eu le malheur de passer quelque temps dans
les prisons d'Hyder, jusqu'à ce que la dernière paix lui
eût rendu la liberté. M. Esdale,—tel était son nom, —
passait généralement pour un homme faisant son chemin
dans le monde, et il était calme, ferme et réfléchi dans
ses opinions. Il ne fut pas difficile à Hartley de faire
tomber la conversation sur la reine de Saba, et il lui
demanda si Sa Majesté n'était pas un peu aventurière.

— Sur ma parole, je ne sais trop qu'en dire, répondit
Esdale en souriant. Tous, tant que nous sommes,
nous cherchons un peu les aventures dans l'Inde, et je

ne vois pas que la Begum (1) Montreville les cherche plus que les autres.

— Mais ce costume et ces manières d'amazone, dit Hartley, sentent un peu la *picaresca* (2).

— Vous ne devez pas vous attendre à voir à une femme qui a commandé des soldats, et qui peut se montrer encore à leur tête, l'air et la mise d'une personne ordinaire ; mais je vous assure que, même à l'âge où elle est parvenue, si elle voulait se marier, elle pourrait aisément trouver un parti respectable.

— Mais j'ai entendu dire qu'elle a livré par trahison le fort de son mari à Hyder.

— Sans doute ; c'est un échantillon du commérage de Madras. Le fait est qu'elle a défendu la place longtemps après la mort de son mari, et qu'elle l'a ensuite rendue par capitulation. Sans cela, Hyder, qui se pique d'observer les règles de la justice, ne l'aurait pas admise à une telle intimité.

— Oui, et l'on m'a dit que cette intimité était fort étroite.

— Autre calomnie, si vous prenez cela dans un mauvais sens. Hyder est trop zélé mahométan pour avoir une maîtresse chrétienne. Et d'ailleurs, pour jouir de l'espèce de rang accordé à une femme dans sa situation, il faut qu'elle s'abstienne, du moins en apparence, de tout ce qui pourrait avoir l'air de la galanterie. C'est ainsi qu'on disait que la pauvre femme avait des relations intimes avec le pauvre Middlemas, du — régiment.

(1) Titre répondant à celui de princesse. — Éd.

(2) Ou *picara*. Mot espagnol signifiant friponne, intrigante.—Éd.

—Était-ce encore un faux bruit? demanda Hartley
avec une inquiétude qui lui permettait à peine de respirer.

— Sur mon ame, je le pense, répondit M. Esdale :
ils étaient tous deux Européens, dans une cour de
l'Inde, et, par conséquent, ils devinrent amis intimes,
sans avoir jamais été rien de plus l'un pour l'autre, à
ce que je crois. Mais à propos, quoiqu'il y ait eu, je
crois, une querelle entre vous et ce pauvre diable de
Middlemas, je suis sûr que vous apprendrez avec plaisir qu'il paraît possible que son affaire s'arrange.

—Vraiment! — Ce fut le seul mot que les lèvres de
Hartley purent prononcer.

—Oui vraiment. Le duel est maintenant une vieille
histoire, et l'on doit convenir que le pauvre Middlemas,
quoiqu'il ait poussé les choses trop loin, avait été pro-
voqué.

— Mais sa désertion, — son acceptation d'un commandement sous Hyder, — la manière dont il a traité
nos prisonniers : — comment peut-on passer sur tout
cela, Esdale?

—Hé bien! il est possible... — Je vous parle en confidence, Hartley, et comme à un homme prudent. —
Il est possible qu'il nous rende plus de services dans la
capitale d'Hyder, ou dans le camp de Tippoo, qu'il
n'aurait pu le faire s'il était resté avec son régiment.
Quant à la manière dont il a traité nos prisonniers,
bien sûrement je ne puis rien dire à ce sujet qui ne
soit à son éloge. Il a été obligé de se charger de leur
garde, parce que ceux qui servent Hyder-Naig doivent
obéir ou mourir. Mais il m'a dit lui-même, et je le crois,

que sa principale raison pour accepter cet emploi avait été que, tout en nous maltraitant de paroles devant ces coquins à face basanée, il pouvait en secret nous rendre service. Il y avait parmi nous quelques fous qui, n'étant pas en état de le comprendre, dirigeaient contre lui leurs quolibets et leurs satires, et il était obligé de les punir pour n'encourir aucun soupçon. — Oui, oui, moi et beaucoup d'autres, nous pouvons prouver qu'il était disposé à nous bien traiter, si on voulait le lui permettre ; et j'espère lui en faire avant peu mes remerciemens à Madras. — Tout ceci en confidence. — Au revoir.

Ne sachant que penser des renseignemens contradictoires qui lui avaient été donnés, Hartley alla questionner ensuite le vieux Capstern ; ce capitaine d'un bâtiment de la Compagnie, qu'il avait vu si assidu près de la Begum Montreville. Lui ayant demandé quelles étaient les femmes qui avaient fait la traversée sur son bord, il entendit une assez longue kyrielle de noms parmi lesquels ne se trouvait pas celui auquel il prenait tant d'intérêt. Hartley multiplia ses questions, et Capstern se souvint que Menie Grey, jeune Écossaise, était sur son bâtiment, sous la protection de mistress Duffer, femme du maître. — Jolie fille, dit Capstern, se conduisant bien, et qui savait tenir à une distance convenable les sous-officiers et les cochons de Guinée. Elle venait, à ce qu'il croyait, pour être une sorte de demoiselle de compagnie, ou de première domestique dans la famille de madame Montreville, et elle pourra y faire ses orges, ajouta-t-il, si elle peut découvrir de quel pied se mouche la vieille dame.

Hartley ne put tirer rien de plus du capitaine, et il fut obligé de rester dans un état d'incertitude jusqu'au lendemain, espérant qu'il pourrait obtenir alors une explication de Menie Grey elle-même.

———

10.

# CHAPITRE XXVI.

L'HEURE précise qui lui avait été indiquée trouva Hartley à la porte du riche marchand indien, qui, ayant quelques motifs pour vouloir obliger la Begum Montreville, lui avait abandonné, pour elle et pour sa suite nombreuse, presque la totalité de sa grande et somptueuse maison dans la Ville-Noire, comme on appelle le quartier de Madras habité par les naturels du pays.

Dès que le docteur arriva, un domestique le fit entrer dans un appartement où il espéra que Menie ne tarderait pas à venir le joindre. Cette pièce donnait d'un côté sur un petit jardin ou parterre, rempli de fleurs ornées des couleurs les plus brillantes des climats orientaux. Au milieu, les eaux d'une fontaine s'élevaient en jet étincelant, et retombaient ensuite dans un bassin de marbre.

Mille souvenirs confus se pressèrent en même temps dans l'esprit de Hartley, dont les anciens sentimens pour la compagne de sa jeunesse, assoupis peut-être par suite de l'éloignement et des incidens variés d'une vie si active, s'étaient réveillés dans toute leur force quand il se trouva près d'elle, et dans des circonstances qui l'intéressaient d'autant plus qu'elles étaient inattendues et mystérieuses. Il entendit marcher; une porte s'ouvrit, une femme parut, mais c'était madame Montreville.

— Que désirez-vous, monsieur ? lui demanda cette dame; c'est-à-dire, si vous avez retrouvé ce matin votre langue que vous aviez perdue hier.

— Je me proposais de rendre visite à la jeune personne que j'ai vue hier matin dans la compagnie de Votre Excellence, répondit Hartley en affectant un air de respect. J'ai eu l'honneur de lui être connu long-temps en Europe, et je désire lui offrir mes services dans l'Inde.

— Bien obligée, bien obligée; mais miss Grey est sortie, et ne doit revenir que dans un jour ou deux. Vous pouvez me laisser vos ordres pour elle.

— Pardon, madame, mais j'ai tout lieu de croire que vous vous méprenez, car la voici elle-même.

— Comment donc, ma chère ! dit mistress Montreville à Menie, sans être décontenancée en la voyant entrer, est-ce que vous n'êtes point partie pour deux ou trois jours, comme je le dis à monsieur? Mais c'est égal, c'est la même chose; vous direz: Comment vous portez-vous? et puis adieu à monsieur, qui est assez poli pour venir s'informer de notre santé; et, comme il voit que nous nous portons bien toutes deux, il s'en retournera chez lui.

— Je crois, madame, dit miss Grey en faisant un effort évident, qu'il faut que j'aie avec monsieur un entretien particulier de quelques instans.

— Ce qui veut dire : Allez-vous-en ; mais c'est ce que je n'entends pas ; je n'aime point les conversations particulières entre un jeune homme et une jeune et jolie fille ; cela ne peut avoir lieu dans ma maison.

— Mais cela peut avoir lieu dehors, madame, répondit miss Grey, non d'un ton de dépit et d'humeur, mais avec la plus grande simplicité. — M. Hartley, voulez-vous venir dans ce jardin?—Et vous, madame, vous pouvez nous voir de cette fenêtre, s'il est d'usage dans ce pays qu'on soit surveillé de si près.

A ces mots, elle passa par une porte en treillage donnant dans le jardin, avec un air si simple qu'elle semblait vouloir se conformer aux idées du décorum de son chaperon, quoiqu'elles lui parussent étranges. Malgré son assurance naturelle, la reine de Saba fut déconcertée par l'air calme de miss Grey, et elle quitta l'appartement avec un mécontentement évident. Menie y rentra alors par la même porte, et dit, du même ton qu'auparavant, mais avec moins de nonchalance :

— Bien sûrement, je ne voudrais pas enfreindre volontairement les usages d'un pays étranger, mais je ne puis me refuser le plaisir de converser avec un si ancien ami..... — Si toutefois, ajouta-t-elle en s'arrêtant pour regarder Hartley, qui paraissait embarrassé, c'en est un aussi grand pour vous que pour moi.

— C'eût été, répondit Hartley sachant à peine ce qu'il disait ; ce doit être un plaisir en toute circonstance ; mais cette rencontre extraordinaire... et votre père....

Menie Grey porta son mouchoir à ses yeux :—Il n'existe plus, M. Hartley. Quand il se trouva sans aide, sa tâche pénible devint trop forte pour lui...; il gagna un rhume qui devint opiniâtre; car vous savez que ses propres maux étaient toujours ce qui l'occupait le moins; et enfin cette maladie prit un caractère dangereux, qui finit par être mortel... Je vous afflige, M. Hartley, mais vous avez raison d'être affligé : mon père vous aimait tendrement.

—Ah! miss Grey, dit Hartley, ce n'était pas ainsi que mon digne ami aurait dû terminer une vie utile et vertueuse. Hélas! pourquoi cette question m'échappe-t-elle involontairement? Pourquoi n'avez-vous pu céder à ses désirs? Pourquoi...

—Ne le demandez pas, dit-elle en prévenant la question qui était sur les lèvres d'Hartley; nous ne sommes pas maîtres de notre destinée. Il est pénible de parler d'un tel sujet; mais une fois pour toutes, et afin de ne plus y revenir, permettez-moi de vous dire que j'aurais mal agi à l'égard de M. Hartley, si, même pour assurer son assistance à mon père, j'eusse consenti à lui donner ma main, quand mon cœur capricieux ne pouvait être à lui.

— Mais pourquoi vous vois-je ici, Menie?... Pardon, miss Grey; mon cœur me rappelle des scènes oubliées depuis long-temps. Mais pourquoi êtes-vous ici? Pourquoi êtes-vous avec cette femme?

— Il est bien vrai qu'elle n'est pas tout ce que je l'avais crue; mais après la démarche que j'ai faite, je ne dois pas me laisser prévenir défavorablement par des manières étrangères. D'ailleurs elle est attentive et généreuse à sa manière, et bientôt — après un instant de silence, elle ajouta: — Bientôt je serai sous une meilleure protection.

— Celle de Richard Middlemas? dit Hartley en bégayant.

— Je ne devrais peut-être pas répondre à cette question; mais je ne sais rien déguiser, et ceux qui ont ma confiance l'ont tout entière. Vous avez deviné juste, M. Hartley, ajouta-t-elle en rougissant beaucoup, je suis venue ici pour unir mon sort à celui de votre ancien compagnon.

— Voilà donc mes craintes réalisées! s'écria Hartley.

— Et pourquoi M. Hartley conçoit-il des craintes? j'avais coutume de vous croire trop généreux.... Sûrement la querelle qui a eu lieu il y a si long-temps ne doit pas entretenir à jamais en vous le soupçon et le ressentiment.

— Du moins si le ressentiment vivait encore dans mon cœur, miss Grey serait la dernière à qui je voudrais le faire apercevoir; mais si je suis inquiet c'est pour vous, pour vous seule. Cet individu, cet homme à qui vous avez dessein de confier le soin de votre bonheur, savez-vous où il est, au service de qui il se trouve?

— Je sais l'un et l'autre, et peut-être mieux que M. Hartley ne peut le savoir. M. Middlemas a commis de grandes erreurs et en a été sévèrement puni. Mais ce n'était pas pendant qu'il était en exil et dans le chagrin que celle qui lui avait engagé sa foi lui aurait tourné le dos, comme les flatteurs du monde. D'ailleurs, vous n'avez sans doute pas entendu parler de l'espoir qu'il a d'être rendu à sa patrie et de recouvrer son rang.

— Pardonnez-moi, répondit Hartley, mis hors de ses gardes ; mais je ne vois pas comment il peut le mériter, si ce n'est en trahissant son nouveau maître, et en se rendant ainsi encore plus indigne de confiance qu'il ne me le paraît en ce moment.

— Il est heureux qu'il ne vous écoute pas, répondit Menie Grey, ne pouvant sans un dépit bien naturel entendre parler ainsi de son amant ; mais, adoucissant aussitôt le son de sa voix, elle ajouta : — Je ne dois pas vous aigrir quand je voudrais vous apaiser. M. Hartley, je vous garantis, sur ma parole, que vous êtes injuste envers Richard.

Elle prononça ces mots avec un calme touchant, écartant toute apparence de ce mécontentement qu'elle avait évidemment ressenti en entendant parler en termes offensans de celui qu'elle aimait.

Hartley fit un effort sur lui-même pour répondre sur le même ton.

— Miss Grey, dit-il, vos actions seront toujours celles d'un ange, vos actions comme vos motifs ; mais permettez que je vous en supplie, considérez cette affaire très-importante avec les yeux de la sagesse humaine et de la prudence du monde. Avez-vous bien pesé les risques qui peuvent résulter de la démarche que vous faites en faveur d'un homme qui...., non, je ne veux plus vous offenser, qui pourra, j'espère, mériter vos bonnes graces ?

— Quand j'ai désiré vous voir tête à tête, M. Hartley, et que j'ai voulu éviter une conversation en public, où nous nous serions entretenus moins librement, c'était dans le dessein de ne vous rien cacher. Je pensais bien que d'anciens souvenirs vous causeraient peut-être quelque peine, mais je me suis flattée qu'elle ne serait que momentanée; et comme je désire conserver votre amitié, il est à propos que je vous prouve que je la mérite encore. Je dois d'abord vous dire en quelle situation je me trouvai après la mort de mon père. Vous savez que nous avions toujours passé pour pauvres dans l'opinion du monde; mais dans le sens véritable, je n'appris ce que c'est que la pauvreté réelle que lorsque je me trouvai sans autre appui qu'une parente éloignée de mon père, qui se fit de notre parenté un motif pour me charger de tous les travaux les plus vils de sa maison, sans paraître croire qu'elle me donnât droit à son affection, à sa bonté, à autre chose en un mot que le soulagement de mes besoins les plus pressans. Ce fut dans ces circonstances que je reçus de M. Middlemas une lettre où il m'apprenait son fatal duel, et les suites qu'il avait eues. Il n'avait pas osé m'écrire pour m'inviter à venir partager sa misère; mais quand il eut obtenu une place lucrative, sous la protection d'un prince puissant dont la sagesse sait apprécier et protéger les Européens qui sont à son service, quand il eut la perspective de rendre à notre gouvernement des services essentiels par son crédit près d'Hyder-Ali, et qu'il put nourrir l'espoir éventuel d'obtenir la permission de retourner à Madras, et de subir son procès pour la mort de son officier commandant, alors il me pressa de venir dans l'Inde partager sa fortune renaissante, en exécutant l'engagement que nous avions contracté depuis long-temps. Une somme d'argent considérable accompagnait cette lettre, qui m'indiquait mistress Duf-

fer comme une femme respectable qui me prendrait sous
sa protection pendant la traversée; mistress Montreville, dame d'un haut rang, ayant de grandes possessions et beaucoup de crédit dans le Mysore, me rece-
vrait au fort Saint-Georges à mon arrivée, et me con-
duirait en sûreté dans les domaines d'Hyder. Il me fut
en outre recommandé, attendu la situation particulière
de M. Middlemas, de ne parler aucunement de lui dans
toute cette affaire, et de donner, pour cause ostensible
de mon voyage, une place qui m'était offerte dans
la maison de cette dame. Que devais-je faire? Je n'a-
vais plus de devoirs à rendre à mon pauvre père; et
mes autres parens considéraient cette proposition
comme trop avantageuse pour être refusée. Le nom de
mistress Duffer et l'argent qui m'avait été envoyé furent
regardés comme devant faire disparaître tout scrupule;
et la parente sous la protection immédiate de laquelle
je me trouvais me pressa si vivement d'accepter l'offre
qui m'était faite, qu'elle alla jusqu'à me déclarer que
si j'étais assez folle pour la refuser, elle ne m'encoura-
gerait pas à m'en rapporter à mes propres lumières en
continuant à me fournir abri et nourriture, car c'était
à peu près tout ce que j'en recevais.

— Ame vile et sordide! s'écria Hartley; combien peu
elle méritait d'être chargée d'un tel dépôt!

— Permettez que je vous dise un mot avec franchise,
M. Hartley, et alors vous blâmerez peut-être moins mes
parens. Tous leurs conseils, et même toutes leurs me-
naces, n'auraient pu me décider à faire une démarche
qui, du moins en apparence, avait peine à obtenir l'approbation de mon jugement. Mais j'avais aimé Middle-

mas, — je l'aime encore, — à quoi bon le nierais-je?
— et je n'ai pas hésité à me fier à lui. Sans cette voix
intérieure qui me rappelait mes engagemens, j'aurais
maintenu avec plus de persévérance la fierté de mon
sexe; et, comme vous me l'auriez peut-être conseillé,
j'aurais du moins attendu que mon amant vînt lui-même
en Angleterre; j'aurais pu avoir la vanité de penser,
ajouta-t-elle en souriant à demi, que si je valais la peine
qu'on m'épousât, je valais celle qu'on vînt me chercher.

— Mais à présent, — même à présent, répondit Hartley, soyez juste envers vous-même, comme vous êtes
généreuse à l'égard de votre amant. — Ne me regardez
point avec colère, mais écoutez-moi. — Je doute qu'il
soit convenable que vous restiez sous la protection de
cette femme qui semble avoir renoncé à son sexe, et
qu'on ne peut plus appeler Européenne. Je ne manque
pas de crédit auprès des dames du plus haut rang dans
cette ville: — ce pays est celui de l'hospitalité, de la
générosité; — il n'y en a pas une seule qui, dès qu'elle
saura votre histoire et ce que vous êtes, ne se fasse un
plaisir de vous avoir dans sa société et sous sa protection
jusqu'à ce que votre amant puisse, en face du monde,
réclamer ses droits à votre main. — Je ne serai une
cause ni de soupçons pour lui, ni d'inconvéniens pour
vous, Menie. Consentez seulement à l'arrangement que
je vous propose, et dès l'instant que je vous verrai
sous la protection d'une dame respectée et respectable,
je quitterai Madras pour n'y revenir que lorsque votre
destin sera définitivement fixé de manière ou d'autre.

— Non, Hartley; ah! sans doute ce ne peut être que

la pure amitié qui me donne cet avis ; mais je me repro-
cherais comme une bassesse de chercher mon avantage
aux dépens du vôtre. D'ailleurs j'aurais l'air de vouloir
attendre les événemens, afin de partager le sort du
pauvre Middlemas , s'il était prospère, et de renoncer
à lui, s'il était malheureux. Dites-moi seulement si vous
pouvez attester, d'après votre connaissance personnelle
et positive, que vous regardez cette femme comme in-
capable et indigne de servir de protectrice à une jeune
fille comme moi.

— Je ne puis rien dire d'après ma connaissance personnelle ; et je dois même avouer que les renseignemens
que j'ai obtenus sur mistress Montreville ne sont point
parfaitement d'accord ; mais assurément le seul soupçon.....

—Le seul soupçon , M. Hartley, ne peut avoir aucun
poids sur moi, attendu que je puis y opposer le témoignage de l'homme dont je suis disposée à partager la
fortune. Vous convenez que la question laisse du
doute, pourquoi donc l'assertion de celui dont j'ai une
si haute opinion ne me déciderait-elle pas dans une
affaire douteuse? Que serait-il, si cette madame Montreville n'était pas telle qu'il me l'a représentée?

— Oui, que serait-il! pensa Hartley ; mais ses lèvres
ne prononcèrent pas ces mots. Il baissa les yeux, et
tomba dans une profonde rêverie dont il ne sortit qu'en
entendant la voix de miss Grey.

—Il est temps de vous rappeler, M. Hartley, qu'il
faut que nous nous séparions. Que Dieu vous bénisse
et vous protège !

— Et vous aussi, chère Menie , répondit Hartley en

fléchissant un genou, et en portant à ses lèvres la main qu'elle lui offrait, que Dieu vous bénisse ! — vous devez mériter sa bénédiction. Que Dieu vous protège ! — vous devez avoir besoin de sa protection. — Si les événemens ne répondaient pas à votre attente, faites-le-moi savoir; et s'il est au pouvoir de l'homme de vous aider, Adam Hartley vous aidera.

Il lui remit une carte sur laquelle était son adresse, et se précipita hors de l'appartement. Il rencontra dans le vestibule la reine de Saba, qui le salua d'un air hautain, en signe d'adieu; tandis qu'un naturel du pays, espèce de domestique de première classe, qui était avec elle, lui fit un salam humble et respectueux.

Hartley sortit de la Ville-Noire plus convaincu qu'auparavant que Menie Grey était exposée à être victime de quelque perfidie; — plus déterminé que jamais à faire tous ses efforts pour la sauver; et cependant fort embarrassé en réfléchissant qu'il ne pouvait savoir quels étaient précisément les dangers qu'il devait craindre pour elle, et qu'il n'avait à y opposer que de bien faibles moyens pour l'en défendre.

# CHAPITRE XXVII.

———

Tandis que le docteur Hartley sortait par une porte
de l'appartement de la maison de Ram Sing Cottah, où
cet entretien venait d'avoir lieu, miss Grey se retirait
par une autre, pour regagner la chambre destinée à son
usage particulier. Elle avait aussi bien des motifs de
réflexions et d'inquiétudes secrètes ; car tout son amour
pour Middlemas et toute la confiance qu'elle avait en
son honneur, ne pouvaient bannir entièrement les
doutes qu'elle avait conçus sur le caractère de la personne qu'il lui avait choisie pour protectrice. Et pourtant elle ne pouvait faire porter ses doutes sur rien de
bien fixe et de bien déterminé, car ils ne prenaient
guère leur source que dans une sorte de dégoût que
lui inspiraient les manières hardies de la Begum, ses
idées et ses expressions.

Cependant mistress Montreville, suivie de son domestique indien, entra dans l'appartement que Menie
Grey et Hartley venaient de quitter. D'après la conversation qui eut lieu entre eux, il paraît qu'ils s'étaient

11.

placés dans quelque endroit caché d'où ils avaient entendu l'entretien du chapitre qui précède.

— Il est fort heureux, Sadoc, dit la dame, qu'il y ait en ce monde de grands fous.

— Et de grands misérables, répondit Sadoc en bon anglais, mais d'un air sombre.

— Cette jeune fille, continua la dame, est ce que vous appelez un ange dans le Frangistan.

— Oui, et j'ai vu dans l'Indoustan des êtres à qui on pourrait donner le nom de diables.

— Je suis sûre que ce... comment l'appelez-vous? — ce Hartley, est un diable intrigant. Car que vient-il faire ici? elle ne veut pas de lui. Que lui importe ce qu'elle deviendra? Je voudrais que nous eussions repassé les Ghauts, mon cher Sadoc.

— Quant à moi, répondit l'Indien, je suis à demi déterminé à ne plus gravir ces montagnes. Écoutez, Adela, je commence à me dégoûter du projet que nous avons formé. La pureté, la confiance de cette créature, — nommez-la femme ou ange, comme il vous plaira, — fait paraître ma conduite sous un jour trop odieux, même à mes propres yeux. Je me sens hors d'état de vous suivre plus long-temps dans ces voies où vous marchez si audacieusement. Séparons-nous; — mais en amis.

— Amen, lâche! répondit la reine de Saba. Mais cette fille reste avec moi.

— Avec toi! répliqua le prétendu Indien; jamais. Non, Adela, elle est à l'ombre du pavillon britannique, et elle en éprouvera la protection (1).

_____

(1) De peur de nuire à l'effet du style passionné de ce dialogue,

— Oui-da ! s'écria l'amazone; et quelle protection vous accordera-t-il à vous-même? Que diriez-vous si je frappais des mains, que j'ordonnasse à une vingtaine de mes domestiques de couleur de vous garotter comme un mouton, et que je fisse avertir ensuite le gouverneur de la Résidence qu'un certain Richard Middlemas, coupable d'insubordination, de meurtre et de désertion, et ayant porté les armes contre ses concitoyens au service de l'ennemi de son pays, est ici, dans la maison de Ram Sing Cottah, sous le déguisement d'un esclave de couleur?

Middlemas se couvrit le visage des deux mains, tandis que madame Montreville continuait à l'accabler de reproches.

— Oui, dit-elle, esclave et fils d'esclave, puisque tu portes l'habit des gens de ma maison, il faut que tu m'obéisses aussi complètement que les autres, sans quoi, — les verges, les fers, renégat; — l'échafaud, le gibet, meurtrier. Oses-tu réfléchir à l'abîme de misère d'où je t'ai tiré pour te faire partager mes richesses et mon affection? Ne te souviens-tu pas que le portrait de cette fille pâle, froide et inanimée, t'était si indifférent, que tu en fis le sacrifice comme un tribut dû à la bienfaisance de celle qui te protégeait, à la tendresse de celle qui daignait s'abaisser jusqu'à t'aimer, tout indigne que tu en étais?

— Oui, femme barbare, répondit Middlemas. Mais est-ce moi qui ai encouragé la passion outrageante du

---

on a cru pouvoir traduire en langage naturel le *patois* de madame Montreville. ( *Note de l'Auteur.* )

jeune tyran pour ce portrait, ou qui ai formé le plan abominable de lui livrer l'original?

— Non ; car pour cela il fallait de l'esprit et de la tête ; mais c'est toi, misérable à cœur de pierre, qui as exécuté le plan qu'un génie plus hardi avait tracé. C'est toi qui as attiré cette jeune fille dans ce pays étranger, sous prétexte d'un amour que tu n'avais jamais ressenti, scélérat sans pitié.

— Silence, oiseau de ténèbres ! ne m'excite pas à une frénésie qui pourrait me faire oublier que tu es une femme !

— Une femme, lâche ! Est-ce là ton prétexte pour m'épargner ? Qu'es-tu donc, toi que les regards d'une femme, que les paroles d'une femme font trembler ? Oui, je suis une femme, renégat, mais une femme qui porte un poignard, et qui méprise également ta force et ton courage. Je suis une femme qui ai regardé plus d'hommes mourans que tu n'as tué de daims et d'antilopes. Tu veux trafiquer pour t'élever ? Mais tu te jettes comme un enfant au milieu d'une mêlée, et tu n'y gagneras que d'être renversé et foulé aux pieds. Tu veux être doublement traître, sans doute ; livrer ta fiancée au prince, afin d'obtenir le moyen de livrer le prince aux Anglais, et d'acheter à ce prix ton pardon de tes concitoyens. Mais ce n'est pas moi que tu tromperas. Ce n'est pas moi dont tu feras l'instrument de ton ambition. Je ne t'accorderai pas l'aide de mes trésors et de mes soldats pour finir par me voir sacrifier à ce glaçon du Nord. Non, je te surveillerai, comme le diable surveille le sorcier. Laisse-moi apercevoir le moindre indice de trahison pendant que nous sommes ici, et je te dénonce aux Anglais. Ils pourraient pardonner au scélérat couronné par le succès, mais non au misérable qui ne peut que demander bassement la vie, au lieu de rendre d'utiles services. Que je te voie broncher quand nous serons au-delà de Ghauts, et le Nabab connaîtra tes intrigues avec le Nizam et les Marattes, et ton projet de livrer Bangalore aux Anglais, quand l'imprudence de Tippoo t'aura nommé Killedar. Va où tu voudras, tu m'y trouveras toujours ta maîtresse.

— Et une charmante maîtresse, quoique peu charitable, dit le prétendu Sadoc en changeant de ton tout à coup pour prendre une affectation de tendresse. Il est vrai que j'ai pitié de cette malheureuse fille, que je voudrais la sauver s'il était possible; mais il est souverainement injuste de supposer que je voulusse, en quelques circonstances que ce soit, la préférer à ma Nourjehan, ma lumière du monde, à ma Moutie-Mahul, ma perle du palais...

— Tout cela n'est que fausse monnaie et vains complimens, reprit la Begum; dites-moi brièvement, en deux mots, que vous laissez cette femme à ma disposition.

— Mais non pour être enterrée vivante sous votre siège, comme cette Circassienne dont vous étiez jalouse, dit Middlemas en frémissant.

— Non, fou que vous êtes, son sort n'aura rien de plus fâcheux que d'être la favorite d'un prince. — Fugitif et criminel comme tu l'es, as-tu un destin plus heureux à lui offrir?

— Mais, répondit Middlemas, rougissant de son infâme conduite, même sous les couleurs factices dont ses joues étaient teintes, je ne veux pas qu'on force son inclination.

— Elle aura tout le temps qu'accordent les règlemens du Zénana (1), répondit le tyran femelle. Une semaine est bien assez longue pour qu'elle se décide à être volontairement la maîtresse d'un prince qui sera pour elle un amant généreux.

— Oui, dit Richard, et avant que cette semaine soit expirée... Il n'acheva pas sa phrase.

— Et qu'arrivera-t-il avant que la semaine soit expirée? demanda la Begum Montreville.

— N'importe. — Rien de bien important. — Je laisse le sort de cette femme à votre disposition.

— C'est bien. — Nous quittons cette ville ce soir, dès que la lune sera levée. Donnez les ordres nécessaires à ma suite.

— Entendre est obéir (2), répondit le prétendu esclave; et il sortit de l'appartement.

Les yeux de la Begum restèrent fixés sur la porte par laquelle il venait de sortir. — Traître! double traître! dit-elle, je vois quels sont tes projets. Tu voudrais trahir Tippoo en politique et en amour; mais moi, tu ne le peux. — Holà! quelqu'un! — Qu'un messager de confiance se tienne prêt à partir avec des lettres que je vais préparer, et que son départ ne soit connu de personne! — Et maintenant ce pâle fantôme va connaître sa destinée, et apprendre ce que c'est que d'avoir été rivale d'Adela Montreville.

(1) Logement particulier destiné aux femmes. — ÉD.
(2) Formule asiatique. — ÉD.

T andis que la princesse amazone méditait des plans de vengeance contre une rivale innocente et un amant coupable, celui-ci tramait de son côté des complots aussi profonds pour arriver à son but. Ayant attendu jusqu'à ce que le court crépuscule dont on jouit dans l'Inde eût rendu son déguisement plus complet, il partit à la hâte pour la partie de Madras habitée par les Européens, ou, comme on l'appelle, le fort Saint-Georges.

— Je la sauverai encore, se dit-il à lui-même, avant que Tippoo puisse saisir sa proie; je ferai entendre à son oreille le bruit d'une tempête qui obligerait le dieu de la guerre à s'arracher des bras de la déesse de la beauté. Ce tigre indien sera pris dans le piège avant qu'il ait pu dévorer l'appât qui l'y fera tomber.

Tout en se livrant à cet espoir, Middlemas arriva à la Résidence. Comme de raison, la sentinelle en faction l'arrêta; mais Richard connaissait le mot d'ordre, et il entra sans difficulté. Il fit le tour du bâtiment dans lequel demeurait le président du Conseil, homme habile et actif, mais peu scrupuleux, et qu'on prétendait n'être pas très-délicat sur le choix des moyens qui pouvaient le conduire à son but, soit qu'il s'agît de ses affaires personnelles, soit de celles de la Compagnie. Il frappa à une petite porte de derrière; un esclave noir la lui ouvrit, et fit monter Middlemas par un escalier dérobé, dépendance nécessaire de toute résidence d'un gouvernement. Cet escalier le conduisit au bureau du Bramin Paupiah, Dubash, ou intendant du grand homme, qui employait principalement son entremise pour sa correspondance avec les cours du pays, et pour tramer certaines intrigues mystérieuses qu'il ne communiquait pas à ses confrères du Conseil.

C'est peut-être une justice à rendre au coupable et malheureux Middlemas, que de supposer que si le ministère d'un officier anglais eût été employé, il aurait pu se décider à se confier à sa merci, à lui expliquer l'infame marché qu'il avait conclu avec Tippoo; et que, renonçant à ses projets d'ambition criminelle, il n'aurait plus songé qu'aux moyens de sauver Menie Grey avant qu'on l'eût transportée hors des limites jusqu'où pouvait s'étendre la protection des lois anglaises. Mais l'individu maigre et basané qui se trouvait devant lui était Paupiah, connu comme le conseiller en chef de projets ténébreux, Machiavel oriental dont les rides prématurées avaient été tracées sur son front par une vie d'intrigues, dans lesquelles l'existence du pauvre, le bonheur du riche, la vertu des femmes et l'honneur des hommes avaient été sacrifiés sans scrupule pour obtenir quelque avantage politique et même privé. Il ne chercha pas à s'informer des moyens par lesquels le renégat anglais se flattait d'acquérir sur Tippoo une influence qui le mettait en état de trahir ce prince; tout ce qu'il désirait, c'était d'être bien assuré que le fait était réel.

— Vous parlez au risque de votre tête si vous trompez Paupiah, ou que vous agissiez de manière à ce que Paupiah trompe son maître. Je sais, comme tout Madras, que le Nabab a nommé son jeune fils Tippoo vice-régent du territoire de Bangalore, récemment conquis par lui, et qu'Hyder a incorporé à ses domaines; mais que Tippoo donne le gouvernement de cette place im-

portante à un apostat Feringi, c'est ce qui me semble
plus douteux.

— Tippoo est jeune, répondit Middlemas, et les ten-
tations qu'offrent les passions sont à la jeunesse ce que
le nénufar en fleur sur la surface du lac est à l'enfance. On risque sa vie pour obtenir ce qui est presque
sans valeur quand on le possède. Tippoo a l'astuce et
les talens militaires de son père, mais il n'en a pas la
sagesse et la circonspection.

— Tu dis vrai; mais quand tu seras gouverneur de
Bangalore, as-tu des forces suffisantes pour t'y maintenir jusqu'à ce que tu sois secouru par les Marattes
ou les Anglais ?

— N'en doutez pas. — Les soldats de la Begum
Moutie Mahul, que les Européens appellent Montreville, sont plus à moi qu'à elle. Je suis moi-même son
Buckshie (général), et ses Sirdars sont à ma disposition. Avec ces troupes, je pourrais me maintenir deux
mois dans Bangalore; et l'armée anglaise peut y arriver
en moins d'une semaine. Que risquez-vous de faire
avancer l'armée du général Smith plus près de la frontière?

— Nous risquons une paix convenue avec Hyder, et
pour laquelle il nous a fait des propositions avantageuses. Cependant je ne dis pas que ton plan ne puisse
être fort utile. Tu dis que le trésors de Tippoo sont
dans le fort?

— Ses trésors et son Zénana. Il est même possible
que je puisse me rendre maître de sa personne.

— Ce serait une excellente chose, dit le ministre
indou.

— Et vous consentez que le partage des trésors de Tippoo se fasse jusqu'à la dernière roupie, ainsi qu'il est expliqué dans ce papier ?

— La part du maître de Paupiah est trop faible ; et le nom de Paupiah y a été oublié.

— La part de la Begum peut se partager entre Paupiah et son maître, répondit Middlemas.

— Mais la Begum s'attendra à avoir sa part, dit Paupiah.

—Laissez-moi le soin d'arranger cela, répondit Middlemas. Avant que le coup soit frappé, elle ignorera nos conventions particulières; et l'affaire une fois faite, son mécontentement sera sans importance. — Et maintenant rappelez-vous mes conditions ; — mon grade me sera rendu, — un plein pardon me sera accordé.

— Oui, répondit Paupiah avec circonspection, si vous réussissez ; mais si vous veniez à me trahir, le poignard d'un Lootie saurait vous trouver, fussiez-vous caché sous les vêtemens du Nabab. En attendant, prenez cette lettre, et quand vous serez en possession de Bangalore, envoyez-la au général Smith, dont la division aura ordre d'approcher de la frontière du Mysore, autant qu'elle le pourra sans causer de soupçons.

Ainsi se sépara ce digne couple ; Paupiah pour aller rendre compte à son maître des progrès de ce complot ténébreux ; Middlemas pour aller rejoindre la Begum et partir avec elle pour le Mysore.

L'or et les diamans de Tippoo, l'importance qu'il allait acquérir, le bonheur de se délivrer en même temps de l'autorité capricieuse de Tippoo et des prétentions importunes de la Begum, étaient des objets de méditation si agréables, qu'il donna à peine une pensée au sort de la victime qu'il avait attirée d'Europe, si ce n'est pour apaiser les remords de sa conscience, en se flattant qu'elle n'éprouverait d'autre malheur que quelques jours d'alarmes, pendant lesquels il aurait les moyens de la délivrer du tyran, dans le Zézana duquel elle devait être momentanément prisonnière. Il résolut en même temps de s'abstenir de la voir jusqu'à ce qu'il pût la protéger ouvertement, prévoyant avec raison le danger que courrait son plan s'il éveillait encore la jalousie de la Begum. Il se flattait qu'elle était assoupie; et en retournant au camp de Tippoo, près de Bangalore, il se fit une étude de se concilier cette femme ambitieuse et rusée, par des flatteries, et par la perspective splendide qu'il lui mettait sous les yeux des nouvelles richesses et du nouveau pouvoir que leur procurerait à tous deux le succès de son entreprise.

Il n'est guère nécessaire de dire que de pareilles choses ne pouvaient se passer que dans les premiers temps de notre établissement dans l'Inde, lorsque l'autorité des Directeurs pour mettre un frein aux abus était imparfaite, et que celle de la Couronne n'existait pas encore. Mon ami, M. Fairscribe, pense même que l'introduction de Paupiah Bramin, Dubash du gouverneur anglais, dans cet ouvrage, est un véritable anachronisme.

# CHAPITRE XXVIII.

Il paraît que la jalouse et impérieuse Begum ne tarda pas à exécuter son projet de percer le cœur de sa rivale, en l'informant du destin qui lui était réservé. Soit à force de prières, soit à prix d'argent, Menie Grey obtint d'un serviteur de Ram Sing Cottah, qu'il remettrait à Hartley le billet suivant, inspiré par le désespoir :

— Tout ce que vos craintes avaient prévu ne s'est que trop vérifié. — Il m'a livrée à une femme cruelle qui me menace de me vendre au tyran Tippoo. — Sauvez-moi si vous le pouvez. — Si vous n'avez pas compassion de moi, si vous ne pouvez me donner de secours, je n'ai plus à en espérer sur la terre.

— M. G.

L'empressement avec lequel le docteur Hartley courut au fort, et sollicita une audience du gouverneur, fut rendu inutile par les délais que lui opposa Paupiah.

Il n'entrait pas dans les plans de cet Indou artificieux qu'on opposât quelque obstacle au départ de la Begum et de son favori, dont les projets étaient si bien d'accord avec les siens. Lorsque le docteur se plaignit qu'une Anglaise fût emmenée contre son gré à la suite de la Begum, il joua l'incrédulité, traita la plainte de miss Grey comme le résultat de quelques querelles de femmes ne méritant aucune attention, et quand enfin il prit quelques mesures pour faire un examen plus approfondi de cette affaire, il eut soin d'y mettre tant de lenteur, qu'il n'était plus temps d'interrompre le voyage de la Begum et de son cortège.

Emporté par son indignation, Hartley éclata en reproches contre Paupiah, dont il n'épargna même pas le maître. Cette conduite ne servit qu'à fournir à l'impassible Bramin un prétexte pour lui défendre de se présenter à la Résidence, en lui donnant à entendre que, s'il continuait à tenir des propos aussi imprudens, il pouvait s'attendre à être éloigné de Madras, et envoyé dans quelque fort ou dans quelque village au milieu des montagnes, où ses connaissances en médecine pourraient être utilement employées à se garantir, lui comme les autres, de l'influence d'un climat malsain.

Comme il se retirait, transporté d'une indigation malheureusement inutile, Esdale fut la première personne que le hasard fit rencontrer à Hartley; et avec toute l'impatience du dépit, il lui fit part de ce qu'il appelait l'infame conduite du Dubash du gouverneur, sur laquelle, comme il n'avait que trop de raison pour les supposer, le gouverneur lui-même fermait les yeux, se récriant contre le manque de générosité qui aban-

12.

donnait une sujette de l'Angleterre à l'astuce de deux renégats et à la violence d'un tyran.

Esdale l'écouta avec cette sorte d'agitation inquiète que montrent les hommes circonspects quand ils croient avoir à craindre de se trouver eux-mêmes compromis par les discours d'un ami imprudent.

— Si vous désirez obtenir personnellement justice dans cette affaire, lui dit-il enfin, il faut vous adresser à la Cour des Directeurs, dans Leadenhall-Street, où je soupçonne, — soit dit entre nous, — que les plaintes s'acccumulent autant contre Paupiah que contre son maître.

— Je ne me soucie ni de l'un ni de l'autre, répondit Hartley; — je ne demande pas de réparation person-nelle, — je n'en désire pas; — mon unique but est de secourir Menie Grey.

— En ce cas, vous n'avez qu'une seule ressource : — c'est de vous adresser à Hyder lui-même.

— A Hyder! à un usurpateur! à un tyran!

— Oui, c'est à cet usurpateur, à ce tyran, qu'il faut vous résoudre à vous adresser. Il est fier de passer pour rendre strictement justice; et peut-être en cette occa-sion, comme en plusieurs autres, voudra-t-il se montrer sous le point de vue d'un juge impartial.

— En ce cas, j'irai demander justice jusque sur le marchepied de son trône.

— Pas tant de précipitation, mon cher Hartley; con-sidérez d'abord le risque que vous courez. Hyder est juste par réflexion, et peut-être par suite de considéra-tions politiques; mais par tempérament, il a le sang aussi bouillant que le fut jamais le sang d'un Indien; et si vous ne le trouvez pas en humeur de juger, il est très-probable qu'il sera en humeur de tuer. Le pal et le cordon sont aussi souvent dans sa tête que le nivellement des balances de la justice.

— Peu importe, je partirai à l'instant pour aller me présenter devant son Durbar (1). Le gouverneur ne peut me refuser des lettres de créance, il en serait honteux.

— Ne songez pas à en demander, lui dit son ami plus prudent; il en coûterait peu à Paupiah de les rédiger de manière à engager Hyder à débarrasser une fois pour toutes notre Dubash basané du docteur Adam Hartley, dont la langue est trop libre et trop hardie. Un Vakil ou messager du gouvernement part demain matin pour Seringapatam; tâchez de le rejoindre, son passe-port vous protégera comme lui. — Connaissez-vous quelqu'un des chefs qui sont autour de la personne d'Hyder?

— Pas un seul, à l'exception du dernier émissaire qu'il a envoyé en ce pays, Barak El Hadgi.

— Ce n'est qu'un fakir, et pourtant son appui peut être aussi utile que celui de personnes plus importantes en apparence. Et, pour dire la vérité, quand la question est de savoir quel sera le caprice d'un despote, on ne peut décider sur quoi l'on peut compter avec plus de raison. — Suivez mon avis, mon cher Hartley, abandonnez cette pauvre fille à son destin. Après tout, en cherchant les moyens de la sauver, il y a cent à parier contre un que vous ne ferez qu'assurer votre perte.

(1) Conseil d'état. — Tr.

Hartley secoua la tête, et fit à la hâte ses adieux à Esdale, qu'il laissa dans l'heureuse situation d'esprit d'un homme content de lui-même quand il a donné à un ami le meilleur avis possible, et qu'il peut se laver les mains des suites que peut avoir le refus de le suivre.

S'étant muni d'argent, et accompagné de trois fidèles serviteurs, naturels du pays, montés comme lui sur des chevaux arabes; ne prenant pas de tente, et ne se chargeant que de peu de bagages, Hartley, excité par ses inquiétudes, ne perdit pas un instant pour prendre la route de Mysore, cherchant, chemin faisant, à se rappeler tous les traits qu'il avait entendu citer de la justice et de la magnanimité d'Hyder, afin de se confirmer dans l'opinion qu'il trouverait le Nabab disposé à protéger une malheureuse femme, même contre l'héritier présomptif de son empire.

Avant d'être sorti du territoire de Madras, il rejoignit le Vakil ou messager du gouvernement anglais, dont Esdale lui avait parlé. Cet homme, habitué à accorder la protection de son passe-port et de son escorte, moyennant une somme d'argent raisonnable, aux marchands d'Europe que l'esprit d'entreprise portait à vouloir se rendre dans la capitale d'Hyder, n'était pas d'humeur à refuser le même service à un homme en crédit à Madras; et trouvant un nouveau motif de complaisance dans un présent que lui fit Hartley, il lui promit de voyager avec toute la célérité possible. C'était un voyage qu'on ne pouvait faire sans beaucoup de fatigues et sans de grands dangers, car il fallait traverser un pays fréquemment exposé à tous les malheurs de la guerre, surtout en approchant des Ghauts, ces monta-

---

gnes effrayantes dont les défilés communiquent au plateau de Mysore, et à travers lesquels ces grands fleuves qui prennent leur source au centre de la péninsule de l'Inde se fraient un chemin vers l'Océan.

Le soleil était couché avant que nos voyageurs fussent arrivés à l'entrée d'un de ces défilés dangereux au bout duquel était la route de Seringapatam. Un étroit sentier, qui ressemblait à une ravine desséchée, serpentant à travers des montagnes et des rochers énormes, était tantôt ombragé par de sombres forêts de grands arbres, tantôt bordé par des jungles (1) impénétrables, retraite des chacals et des tigres.

Les voyageurs s'avançaient en silence sur ce sentier solitaire. Hartley, que son impatience faisait marcher en avant du Vakil, demanda vivement quand la lune dissiperait les ténèbres qui, depuis le coucher du soleil, s'épaississaient rapidement autour d'eux. Les naturels du pays lui répondirent, suivant leur expression ordinaire, que la lune était sur son côté noir, et qu'il n'y avait pas à espérer de la voir percer à travers un nuage pour éclairer les buissons et les rochers d'ardoise et de pierre noire au milieu desquels ils étaient engagés. Hartley n'eut donc d'autre ressource que d'avoir les yeux constamment attachés sur la mèche allumée du Sowar ou cavalier qui marchait devant lui, mèche que, pour de bonnes raisons, on avait soin de toujours entretenir

(1) On appelle *jungles*, des terrains souvent marécageux, couverts de joncs, de roseaux, de glaïeuls, d'épines et de broussailles de toute espèce, qui s'élèvent à une hauteur assez considérable pour cacher les animaux féroces qui y établissent leur repaire. — ÉD.

en état de mettre feu à l'amorce d'un mousquet. De son côté, le Sowar, ou la vedette, ne perdait pas de vue le Dowrah (1), guide qui avait été fourni au dernier village, et qui étant à mi-chemin de sa maison au lieu où il devait aller, pouvait être justement soupçonné de chercher les moyens de s'épargner la peine d'aller plus loin. D'une autre part, le Dowrah, sachant fort bien qu'il avait derrière lui un mousquet chargé et une mèche allumée, poussait un cri de temps en temps pour prouver qu'il était à son poste, et pour engager les voyageurs à accélérer leur marche. Ulla! était l'exclamation par laquelle répondaient de temps en temps à ses cris les soldats basanés qui fermaient la marche, rêvant à leurs anciennes aventures, soit le pillage d'une caffila, ou caravane de marchands, soit à quelque exploit semblable, ou qui songeaient peut-être qu'un tigre caché dans la jungle voisine attendait patiemment que toute la troupe fût passée, pour s'élancer sur le dernier d'entre eux, suivant la coutume de cet animal.

Le soleil, qui reparut presque aussi soudainement qu'il les avait quittés, aida les voyageurs par sa lumière

(1) Dans tous les villages, le Dowrah ou le guide est un personnage officiel payé aux dépens du public, en recevant une partie de la récolte, ou de quelque autre manière, comme le forgeron, le balayeur et le barbier. Comme il ne reçoit rien des voyageurs qu'il est chargé de conduire, il ne se fait jamais scrupule d'abréger son voyage et d'allonger le leur en les conduisant au village le plus voisin, sans s'inquiéter s'il est sur la ligne la plus directe de leur route ; et quelquefois même il les abandonne tout-à-fait. Si le Dowrah en charge est malade ou absent, tout l'or du monde ne pourrait lui trouver un substitut.

( *Note de l'Auteur.* )

à gravir le reste de cette grande chaîne de montagnes, et avertit les musulmans qui se trouvaient avec eux de faire la prière du matin, *Alla Akber*, dont le son prolongé retentit parmi les rochers et les ravines. La clarté leur permit de continuer plus facilement leur marche forcée, et ils arrivèrent enfin à l'endroit où le défilé aboutissait à une jungle dont l'œil n'apercevait pas les bornes, au milieu de laquelle on voyait un fort très-élevé construit en terre. La guerre et le pillage avaient suspendu sur cette plaine les travaux de l'industrie, et la forte végétation d'un sol riche avait changé en peu d'années un pays fertile et bien cultivé en un désert de ronces presque impénétrable. Aussi les bords d'un petit Nullah ou ruisseau étaient-ils couverts de traces annonçant que des tigres et d'autres animaux sauvages étaient venus pour y boire.

Les voyageurs s'y arrêtèrent pour se rafraîchir et pour abreuver leurs chevaux ; et ce fut près de ce lieu qu'Hartley vit un spectacle qui le força de comparer le sujet qui occupait sans cesse ses pensées, au coup fatal dont un autre avait été frappé.

A un endroit peu éloigné du ruisseau, le guide leur fit remarquer un homme qui semblait plongé dans la misère la plus extrême, dont les cheveux et la barbe n'avaient pas senti le tranchant du rasoir depuis bien des années, et qui était assis sur la peau d'un tigre. Son corps était couvert de boue et de cendres, sa peau brûlée par le soleil ; et ses vêtemens ne consistaient qu'en quelques haillons. Il ne parut pas remarquer l'arrivée d'étrangers, ne fit pas un mouvement, ne prononça pas un seul mot, mais resta les yeux fixés sur un petit tombeau grossièrement construit avec les pierres noires qu'on voyait dispersées çà et là, et où l'on avait pratiqué comme une petite niche pour y mettre une lampe. Ils s'approchèrent de cet homme, placèrent devant lui quelques roupies et un peu de riz, et remarquèrent près de lui le crâne et les ossemens d'un tigre, avec un sabre dont la lame était presque entièrement rongée par la rouille.

Tandis qu'ils regardaient cet objet misérable, le guide leur raconta son histoire tragique. Sadhu Sing avait été Cypaye ou soldat, et par conséquent maraudeur; il était né dans un village à demi ruiné où les voyageurs avaient passé la veille, et dont il était l'orgueil. Il avait été fiancé à la fille d'un Cypaye qui faisait partie de la garnison du fort qu'on voyait au milieu de la jungle. En temps convenable, Sadhu, accompagné de ses amis, se rendit au fort pour épouser sa prétendue et l'emmener ensuite chez lui. Elle était montée sur un tatoo, petit cheval du pays, et Sadhu et ses amis marchaient à pied devant elle, pleins de joie et d'orgueil. Ils approchaient du Nullah près duquel nos voyageurs se reposaient, lorsqu'on entendit tout à coup un hurlement épouvantable, suivi d'un cri perçant d'angoisse; Sadhu Sing se retourna sur-le-champ, et ne vit plus son épouse, mais d'un côté, le cheval qu'elle avait monté courait tout épouvanté, et d'un autre, les longues herbes et les joncs qui croissaient dans la jungle offraient aux yeux le même mouvement d'agitation qu'on remarque sur les flots quand un requin nage rapidement près de la surface de la mer. Sadhu tira son cimeterre et se précipita dans cette direction :

ses compagnons restèrent d'abord immobiles ; mais, tirés de leur stupeur par un rugissement, ils coururent dans la jungle, et trouvèrent bientôt Sadhu Sing tenant dans ses bras le corps inanimé de son épouse. Un peu plus loin était le tigre, tué d'un seul coup de sabre avec une force que le désespoir seul pouvait avoir donnée. Le malheureux Cypaye, privé de son épouse, ne voulut souffrir que personne partageât avec lui les tristes devoirs qu'il lui restait à remplir ; il creusa une tombe pour sa chère Mora, et éleva au-dessus le tombeau grossier qu'on y voyait. Depuis ce temps, jamais il n'avait quitté cet endroit. Les animaux sauvages eux-mêmes semblaient respecter ou craindre son désespoir ; ses amis lui apportaient des alimens et de l'eau qu'ils puisaient dans le Nullah ; mais ils ne le voyaient jamais sourire ou montrer quelque reconnaissance de leurs soins, excepté quand il recevait des fleurs pour décorer la sépulture de Mora. Quatre ou cinq ans, ajouta le guide, s'étaient passés depuis ce fatal événement, et Sadhu Sing restait toujours entouré des trophées de sa vengeance et des emblèmes de son désespoir, offrant en sa personne tous les symptômes d'un âge avancé, quoiqu'il fût encore dans la première jeunesse.

Ce récit accéléra le départ des voyageurs ; car il rappela au Vakil les dangers de l'endroit où ils s'étaient arrêtés ; et Hartley y trouva une analogie trop frappante avec le destin probable de celle qu'il aimait, et qui était presque déjà à la portée d'un tigre plus formidable que celui dont le squeletté était étendu près de Sadhu Sing.

Ce fut au fort construit en terre dont il a déjà été

parlé que les voyageurs reçurent les premières nouvelles de la marche de la Begum et de son escorte. Ils
les apprirent d'un péon, ou soldat d'infanterie, qui les
avait accompagnés, et qui retournait alors vers la côte.
Ils avaient voyagé, dit-il, avec beaucoup de rapidité,
jusqu'à ce qu'ils eussent passé le Ghauts, où ils avaient
été joints par un détachement des troupes de la Begum.
Alors il avait été payé et congédié, ainsi que plusieurs
autres soldats qui avaient été pris à Madras pour former une escorte de voyage. Il croyait, autant qu'il pouvait le savoir, que le projet de la Begum Mootie Mahul
était ensuite de se rendre à Bangalore a petites jour-
nées, et en faisant des haltes fréquentes, attendu qu'elle
ne voulait arriver dans les environs de cette ville qu'a-
près que le prince Tippoo, avec qui elle désirait avoir
une entrevue, serait de retour d'une expédition qu'il
avait tout récemment entreprise du côté de Vandi-
cotta.

D'après les réponses qu'obtinrent des questions faites
avec la fièvre de l'inquiétude, Hartley eut lieu d'espérer
que, quoique Seringapatam fût à soixante-quinze milles
plus à l'est que Bangalore, cependant, en faisant dili-
gence, il pourrait avoir le temps de se jeter aux pieds
d'Hyder et d'implorer son intervention, avant que l'entrevue de la Begum avec Tippoo eût décidé du sort de
Menie Grey. D'une autre part, il trembla quand il entendit le péon lui dire que le Bukshee, ou le général
de la Begum, qui l'avait accompagnée à Madras sous
un déguisement, avait repris le costume et l'autorité
qui appartenaient à son rang, et qu'on s'attendait à
voir le prince mahométan l'honorer de quelque dignité

importante. Ce fut avec plus d'inquiétude encore qu'il
apprit qu'un palanquin, gardé avec le plus grand soin
par les esclaves de la jalousie orientale, contenait,
disait-on tout bas, une féringi, une franque, belle
comme une houri, que la Begum avait fait venir d'Angleterre pour en faire présent à Tippoo. La trahison
allait donc s'accomplir; les démarches empressées du
docteur Hartley pourraient-elles encore la prévenir?

Lorsque ce zélé protecteur de l'innocence trahie arriva dans la capitale d'Hyder, on juge bien qu'il ne
s'amusa point à aller voir le célèbre temple de Vishnou,
ou les splendides jardins appelés Loll-Bang, monument
de la magnificence d'Hyder, et aujourd'hui tombeau
qui renferme ses dépouilles mortelles. Mais dès qu'il
fut entré dans la ville, il se hâta de courir vers la principale mosquée, ne doutant pas que ce ne fût l'endroit
où il obtiendrait le plus probablement quelques nouvelles de Barak - El - Hadgi. Il s'approcha donc de cet
endroit sacré, et comme la hardiesse d'un féringi qui
y serait entré lui aurait coûté la vie, il s'adressa à un
dévot musulman pour se procurer quelques informations sur le personnage qu'il cherchait. Il ne tarda pas
à apprendre que le fakir Barak était dans cette mosquée, comme il l'avait prévu, et qu'il y était occupé à
lire des passages du Coran et des commentateurs les
plus estimés de ce livre. L'interrompre dans cet exer-
cice de dévotion était impossible, et ce ne fut que par
le moyen d'un présent considérable qu'il put déterminer le même musulman qu'il avait déjà employé, à
glisser dans la manche de la robe du saint homme un
papier contenant le nom du docteur Hartley et celui

du khan dans lequel le Vakil s'était logé; cet agent apporta pour réponse que le fakir absorbé, comme on devait s'y attendre, par les devoirs religieux qu'il remplissait en ce moment, n'avait paru faire aucune attention au papier que le sahib (1) féringi lui avait envoyé. Désespéré de la perte d'un temps dont chaque minute était précieuse, Hartley fit tous ses efforts pour décider le musulman à interrompre Barak dans ses exercices de piété en lui portant un message verbal; mais la proposition seule transporta d'indignation le mahométan.

— Chien de chrétien! s'écria-t-il, qui es-tu, toi et toute ta génération, pour que Barak-El-Hadgi perde une seule de ses pensées célestes pour un infidèle comme toi?

Désespéré, hors de lui, le malheureux Hartley allait entrer dans la mosquée, dans l'espoir d'interrompre la lecture interminable dont le son monotone arrivait jusqu'à lui, quand un vieillard, lui appuyant la main sur l'épaule, l'empêcha de commettre une imprudence qui aurait pu lui coûter la vie, et lui dit en même temps:
— Vous êtes un sahib Angrezie (2), j'ai été telinga (3) au service de la Compagnie, et j'ai mangé son sel; je me chargerai de votre message pour le fakir Barak-El-Hadgi.

A ces mots il entra dans la mosquée, et il en revint bientôt, rapportant la réponse du fakir, qui était con-

(1) Titre honorifique donné par politesse. — Éd.
(2) Anglais. — Éd.
(3) Soldat. — Éd.

çue en ces termes énigmatiques : — Celui qui veut voir
le soleil se lever doit veiller jusqu'à l'aurore.

Avec ce faible motif de consolation, Hartley se retira
dans son khan pour méditer sur la futilité des offres
de services des naturels de ce pays, et pour chercher
quelque autre moyen d'arriver en présence d'Hyder,
que celui sur lequel il avait compté. Il perdit pourtant
tout espoir à ce sujet, en apprenant de son compagnon
de voyage, qu'il trouva dans le khan, que le Nabab
était absent pour une expédition secrète qui pourrait
le retenir deux ou trois jours. Telle était la réponse
que le Vakil avait reçue du Dewan (1), qui lui avait an-
noncé en outre qu'il devait se tenir prêt, dès qu'il en
serait requis, à remettre ses lettres de créance au prince
Tippoo, au lieu du Nabab, l'affaire dont il était chargé
étant ainsi renvoyée au jeune prince, d'une manière
qui ne promettait guère de succès à sa mission.

Hartley fut presque réduit au désespoir. Il s'adressa
à plus d'un officier supposé en crédit près du Nabab ;
mais à peine commençait-il à s'expliquer sur la nature
de l'affaire qui l'amenait, qu'ils semblaient tous frappés
de terreur. Pas un de ceux qu'il vit à ce sujet ne voulut
consentir à l'aider de son crédit : on ne l'écoutait même
pas jusqu'au bout, et le Dewan lui dit clairement que
se mettre en opposition aux désirs du prince Tippoo,
c'était un moyen sûr de courir à sa perte, et qu'il lui
conseillait de retourner à Madras. Ne sachant plus que
faire après avoir échoué partout, Hartley rentra le soir
dans son khan. La voix retentissante des muezzins

_____

(1) Grand trésorier. — Tr.

13.

appelait les fidèles à la prière du haut des minarets,
quand un jeune esclave noir, d'environ quinze ans, se
présenta devant lui, et prononça gravement les paroles
suivantes, qu'il répéta deux fois : — Ainsi parle Barak-
El-Hadgi, celui qui veille dans la mosquée : Qui veut
voir le soleil se lever, doit marcher vers l'orient. Hartley sortit alors du khan; et l'on peut bien supposer que
le docteur, se levant à la hâte, quitta le tapis sur lequel
il s'était couché pour se reposer, et retrouva des forces
pour suivre son jeune guide, le cœur palpitant de nouvelles espérances.

# CHAPITRE XXIX.

———

« C'était l'heure où la voix appelle à la prière
  » Tous les païens, du haut de chaque tour,
  » Où la rosée indemnise la terre
    » Du départ du Père du jour.

  » Les rayons de Phœbé traversaient un nuage ;
    » Devant son char la chaleur semblait fuir.
    » Un chrétien, seul, arrive avec courage
    » Dans le palais du fier visir. »

THOMAS CAMPBELL. ( *Cité de mémoire.* )

LE crépuscule se changea si rapidement en nuit, que ce ne fut qu'à l'aide des vêtemens blancs de son guide, que le docteur Hartley put le suivre tandis qu'il traversait le riche bazar de Seringapatam. Cependant l'obscurité le favorisait, en empêchant l'attention importune des habitans de se fixer sur un Européen portant le costume de son pays, spectacle fort rare à cette époque dans cette ville.

Après bien des détours, son jeune conducteur s'arrêta enfin devant une petite porte pratiquée dans un mur qui, d'après les branches d'arbres qui s'élevaient en dessus, paraissait entourer un jardin ou des bosquets.

Le guide frappa légèrement à cette porte, et elle s'ouvrit. L'esclave étant entré, Hartley se préparait à le suivre; mais il fit un pas en arrière en voyant un Africain d'une taille colossale brandir sur sa tête un cimeterre dont la lame avait trois doigts de largeur. Le jeune nègre toucha son compatriote d'une baguette qu'il tenait à la main, et, ce léger attouchement opérant comme un charme magique, le bras et l'arme du géant se baissèrent au même instant. Hartley entra sans éprouver aucune opposition, et se trouva dans un bosquet de Mangos faiblement éclairé par les rayons de la lune, alors dans son premier quartier, au milieu du murmure des eaux, des chants délicieux du rossignol, et des parfums de la rose, du jasmin jaune, du narcisse de Perse, des fleurs de l'oranger et du citronnier. Des dômes et des portiques majestueux, qu'on ne distinguait qu'imparfaitement à l'aide de cette faible lumière, semblaient indiquer le voisinage de quelque édifice sacré où le fakir avait sans doute fixé sa demeure.

Hartley traversa ce bosquet d'un pas rapide, et entra par une petite porte dans un corridor étroit et voûté au bout duquel il en trouva un autre. Là son guide s'arrêta, et fit entendre par signes à son compagnon qu'il devait ouvrir cette porte. Le docteur obéit, et se trouva dans une petite cellule semblable à celle que nous avons déjà décrite, où Barak-El-Hadgi était assis avec un

autre fakir, qui, à en juger par l'air de dignité que
lui donnait une longue barbe blanche, devait être un
homme d'une grande sainteté et d'une plus grande importance.

Hartley prononça le salut ordinaire de Salam Alai-
cum, du ton le plus modeste et le plus respectueux;
mais son ancien ami, bien loin de lui répondre avec
l'air d'intimité qu'il prenait autrefois avec lui, ayant
consulté les yeux de son compagnon plus âgé, se contenta de lui montrer un troisième tapis, sur lequel le
docteur s'assit, les jambes croisées à la manière du
pays, et un profond silence régna pendant quelques
minutes. Hartley connaissait trop bien les coutumes de
l'Orient, pour risquer de nuire au succès de sa demande par trop de précipitation. Il attendit quelque
signe qui lui indiquât qu'il pouvait parler, et ce fut
Barak qui le lui annonça indirectement.

— Quand le pèlerin Barak demeurait à Madras, dit
le fakir, il avait des yeux et une langue; mais à présent
il est guidé par les organes de son père, le Saint-Scheik
Ali Ben Khaledoun, supérieur de son couvent.

Hartley pensa que cet excès d'humilité n'était guère
d'accord avec les termes pompeux dans lesquels Barak
lui avait parlé à la Résidence du crédit supérieur dont
il jouissait; mais exagérer son importance est un faible
commun à tous ceux qui se trouvent en pays étranger.
S'adressant donc au vieux fakir, il lui raconta le plus
brièvement possible l'infame complot qui avait été tramé
pour livrer Menie Grey entre les mains du prince Tippoo, et il conjura le vénérable père d'intercéder auprès
du prince et du Nabab, de la manière la plus efficace.

Le vieux fakir l'écouta avec un visage impassible, semblable au saint de bois auquel on adresse de ferventes prières. Il y eut un second intervalle de silence. Hartley l'interrompit plusieurs fois pour revenir sur ce qu'il avait déjà dit; et enfin il fut obligé de se taire, ne trouvant plus rien à y ajouter.

Le vieux fakir prit alors la parole, après avoir jeté un simple regard du coin de l'œil sur son compagnon, et sans changer la position de sa tête et de son corps. — L'infidèle a parlé comme un poète, dit-il; mais s'imagine-t-il que le Nabab Hyder Ali-Khan Behauder disputera à son fils Tippoo le Victorieux, la possession d'une esclave chrétienne?

Hartley reçut un coup-d'œil à la dérobée de Barak, comme pour l'encourager à plaider sa cause. Il laissa passer une minute, et reprit la parole en ces termes:

— Le Nabab est le représentant du Prophète; il est juge du vermisseau comme de l'aigle; il est écrit que lorsque le Prophète jugea une querelle entre deux moineaux sur un grain de riz, son épouse Fatime lui dit: L'envoyé d'Allah fait-il bien d'employer son temps à juger de si misérables querelles entre des êtres si méprisables? — Apprends, femme, répondit le Prophète, que les moineaux et le grain de riz ont été créés par Allah. Ils n'ont pas plus de valeur que tu ne leur en attribues, mais la justice est un trésor d'un prix inestimable, et elle doit être rendue par celui qui est dépositaire du pouvoir, à quiconque la réclame de lui. Un prince accomplit la volonté d'Allah quand il rend justice au pauvre comme au puissant, dans les petites affaires aussi-bien que dans les grandes. — J'ai parlé.

—Bismillah! —Louange à Dieu ! — Il a parlé comme un mullah, dit le vieux fakir avec un peu plus d'émotion, et en tournant légèrement la tête vers Barak; car il daigna à peine jeter un regard sur Hartley.

— Sès lèvres ont prononcé ce qui ne peut être un mensonge, dit Barak ; et ces paroles furent encore suivies d'un intervalle de silence.

Ce fut encore le Scheik Ali qui le rompit, et il s'adressa directement à Hartley.—As-tu connaissance, féringi, lui demanda-t-il, de quelque trahison méditée par ce kafre (1) contre le Nabab Behauder?

— On ne doit attendre d'un traître que des actes de trahison, répondit Hartley; mais, pour parler d'après ma connaissance personnelle, je ne sais rien de ce que vous me demandez.

— La vérité se trouve, reprit le vieux fakir, dans les paroles de celui qui n'accuse pas son ennemi au hasard. Tout ce que tu nous as dit sera rapporté au Nabab, et la volonté d'Allah et la sienne décideront du résultat. En attendant, retourne à ton khan, et prépare-toi à suivre le Vakil de ton gouvernement, qui doit partir avec le jour pour Bangalore, la ville forte, heureuse et sainte. — Que la paix soit avec toi ! — N'est-ce pas cela mon fils ?

Barak, à qui cette question était adressée, répondit : — Comme mon père l'a dit.

Hartley n'avait plus qu'à se lever, et prendre congé des deux fakirs avec la phrase d'usage : — Salam, que la paix de Dieu soit avec vous !

(1) Infidèle. — Éd.

Son jeune guide, qui l'attendait à la porte, le recon-
duisit à son khan, en le faisant passer par des rues détournées dans lesquelles Hartley n'aurait pu trouver
son chemin sans conducteur. Chemin faisant, ses pensées n'étaient occupées que de l'entrevue qu'il venait
d'avoir. Il savait que les religieux musulmans n'étaient
pas des hommes à qui l'on dût accorder pleine confiance. Toute cette scène pouvait avoir été préparée par
Barak pour s'éviter l'embarras d'avoir à protéger un
Européen dans une affaire délicate, et il résolut de se
laisser guider par les circonstances qui pourraient confirmer ce qu'il avait appris ou qui le démentiraient.

En arrivant au khan, il trouva le Vakil du gouvernement anglais se disposant à la hâte à obéir aux ordres
qu'il avait reçus du Dewan du Nabab de partir pour
Bangalore le lendemain matin au point du jour.

Il se montra fort mécontent d'avoir reçu cet ordre,
et quand Hartley lui eut fait connaître son dessein de
l'accompagner, il sembla le regarder comme un fou, et
lui fit entrevoir qu'il était probable qu'Hyder avait dessein de se débarrasser de tous deux, par le moyen des
brigands qui infestaient le pays qu'ils devaient traverser.
Cette crainte fit place à une autre quand le moment
du départ approcha, les voyageurs voyant arriver alors
deux cents hommes de cavalerie du Nabab. Le Sirdar
qui commandait ce détachement se comporta avec civi-
lité, et dit qu'il était chargé d'escorter les voyageurs,
de veiller à leur sûreté, et de pourvoir à leurs besoins
pendant toute la route. Cependant ses manières étaient
froides et réservées, et le Vakil prétendit que cette force
était destinée à les empêcher de s'échapper plutôt qu'à

les protéger. Le voyage de Seringapatam à Bangalore,
commencé sous des auspices si peu agréables, se termina pourtant heureusement en deux jours et demi,
la distance étant de près de quatre-vingts milles.

Lorsqu'ils arrivèrent en vue de cette belle et popu-
leuse cité, ils trouvèrent un camp déjà établi à environ
un mille de ses murs. Il occupait une éminence couverte d'arbres, et dominant sur les jardins que Tippoo
avait formés dans un quartier de la ville. Les riches pa-
villons des principaux personnages étaient de soie brochée en or; de longues javelines à pointe dorée et des
pieux surmontés de globes d'or déployaient un grand
nombre de petites bannières sur lesquelles était écrit le
nom du Prophète. C'était le camp de la Begum Mootie
Mahul, qui, avec un détachement de ses troupes d'environ deux cents hommes, attendait le retour de Tippoo, sous les murs de Bangalore. Le lecteur connaît
déjà les motifs secrets qu'ils avaient pour désirer une
entrevue. Aux yeux du public, la visite de la Begum
n'avait l'air que d'un de ces témoignages de respect que
rendent souvent les princes inférieurs et subordonnés,
aux protecteurs dont ils dépendent.

Après s'être bien assurés de ces faits, le Sirdar du
Nabab établit son camp en vue de celui de la Begum,
mais à environ un demi-mille de distance, et il envoya
un messager dans la ville pour annoncer au prince Tippoo, dès qu'il serait de retour, qu'il était arrivé avec
le Vakil anglais.

Quelques tentes furent bientôt dressées; et Hartley,
triste et solitaire, resta à se promener à l'ombre de deux
ou trois mangos, regardant les bannières déployées

14

dans le camp de la Begum, en songeant qu'au milieu
de ces emblèmes de l'islamisme Menie Grey, cachée
sous une tente, était destinée par un indigne et perfide
amant à devenir l'esclave d'un tyran païen. La savoir si
près de lui rendait encore plus cruelles ses réflexions
sur la situation de cette infortunée, et sur le peu de
chances qu'il paraissait avoir pour la sauver par la seule
force de la raison et de la justice; car c'était tout ce
qu'il pouvait opposer aux passions d'un tyran égoïste
et voluptueux. Un amant aurait pu rêver aux moyens
de la délivrer par la force ou la ruse; mais le courage
d'Hartley n'avait rien de romanesque, et toute tentative
de ce genre lui aurait paru inutile et sans espoir.

· Le seul rayon de consolation qui brillât à ses yeux,
était le souvenir de l'impression qu'il paraissait avoir
faite sur le vieux fakir, et il ne pouvait s'empêcher d'espérer qu'il en retirerait quelque avantage. Mais il avait
pris une ferme résolution, et c'était de ne pas abandonner la cause qu'il avait épousée, tant qu'il lui resterait la plus faible lueur d'espérance. Dans sa profession, il avait quelquefois vu l'œil du malade annoncer
le retour à la vie, même quand il semblait terni par la
main de la mort, et il avait appris à ne pas perdre confiance contre le mal moral, par le succès qu'il avait obtenu en guérissant celui qui n'était que physique.

Tandis que le docteur Hartley se livrait à ces réflexions
il en fut distrait par une salve d'artillerie qui partit des
bastions de la ville; et ayant tourné les yeux de ce côté,
il vit au nord de Bangalore une cavalerie nombreuse,
qui, courant au grand galop, s'avançait sans beaucoup
d'ordre, et brandissait la javeline. Les nuages de pous·

sière que faisait lever cette avant-garde, joints à la fumée
produite par l'artillerie, ne permirent pas à Hartley de
voir distinctement le corps d'armée qui marchait ensuite; mais les éléphans portant des Howdaws (1), et
les bannières royales qu'il entrevit çà et là, lui annoncèrent clairement le retour de Tippoo à Bangalore;
tandis que des acclamations et des décharges irrégu-
lières d'artillerie indiquaient la joie réelle ou affectée
des habitans. Les portes de la cité s'ouvrirent pour recevoir ce torrent vivant qui s'y précipita; les nuages de
poussière et de fumée se dissipèrent, et l'horizon fut
rendu à la sérénité et au silence.

Une entrevue entre des personnes de haute distinc-
tion, et surtout de rang royal, est un objet de grande
importance dans l'Inde; et en général on déploie beaucoup d'adresse pour engager celui qui reçoit la visite
à s'avancer le plus loin possible à la rencontre de celui
qui la rend. Depuis l'action de se lever ou de faire
quelques pas jusqu'au bout du tapis, jusqu'à celle d'aller jusqu'à la porte du palais, jusqu'à celle de la ville,
et enfin jusqu'à une distance d'un mille ou deux sur
la route, tout est un sujet de négociation. Mais l'impatience qu'avait Tippoo d'avoir en sa possession la belle
Européenne le porta, en cette occasion, à montrer un
degré de courtoisie beaucoup plus grand que la Begum
n'avait osé l'espérer; il fixa pour le lieu de l'entrevue
son jardin, qui tenait aux murs de la ville, et qui était
dans l'enceinte des fortifications, et pour l'instant où il

(1) Le Howdaw est le siège sur lequel se place celui qui monte
l'éléphant. — Éd.

s'y rendrait, le lendemain de son arrivée, à midi. Le
prince lui-même annonça ses intentions à cet égard au
messager de la Begum, qui, prosterné devant lui, lui
présenta le nuzzur, tribut consistant en trois, cinq,
sept moidores, mais toujours en nombre impair, et
reçut en échange un khelaut, c'est-à-dire un vêtement
d'honneur. Le messager à son tour ne manqua pas
d'éloquence pour s'étendre sur l'importance de sa maîtresse, sur son dévouement respectueux à la personne
du prince, sur le plaisir que lui faisait éprouver l'espoir
de leur motakul ou entrevue, et il finit par un compliment plus modeste fait à ses propres talens et à la confiance que la Begum lui accordait. Il partit ensuite, et
des ordres furent donnés pour que tout fût prêt le
lendemain pour le sowaree, c'est-à-dire le grand cortège
avec lequel le prince voulait recevoir honorablement la
Begum dans son palais de plaisance, situé dans les jardins.

Long-temps avant l'heure indiquée, une réunion
nombreuse de fakirs, de mendians et d'oisifs, assemblés
devant la porte du palais, annonça l'attente empressée
de ceux qui ne manquent jamais d'assister à de pareils
spectacles; tandis qu'une foule de mendians plus har-
dis, — des courtisans, — toujours pressés de donner
des preuves de leur zèle, y arrivaient aussi, montés sur
des chevaux ou des éléphans, suivant que leurs moyens
le leur permettaient, avec une rapidité proportionnée
à leurs craintes ou à leurs espérances.

A midi précis, une salve de pièces d'artillerie placées
dans les cours extérieures, et une décharge de mousqueterie et de petits fauconneaux portés par des chameaux, qui

secouaient timidement leurs longues oreilles à chaque décharge, annoncèrent que Tippoo venait de monter sur son éléphant. Le son grave et solennel du naggra, ou tambour d'apparat porté par un éléphant, se fit entendre entre le bruit éloigné de la salve d'artillerie, et celui de la décharge de mousqueterie qui la suivit, et au même instant un nombre immense de trompettes et de tamtams, c'est-à-dire de tambours ordinaires, y répondit; le tout produisant une harmonie discordante, mais qui avait pourtant quelque chose de martial. Le bruit s'accrut à mesure que le cortège défilait successivement dans les cours extérieures du palais, et enfin on le vit sortir des portes, les Chobdars marchant en tête, portant des bâtons et des masses d'argent, et proclamant, en criant de toutes leurs forces, les titres et les vertus de Tippoo, le grand, le généreux, l'invincible, — fort comme Rustan, — juste comme Nouschirvan, avec une courte prière pour la continuation de sa santé.

Après eux marchait un corps confus de fantassins armés de javelines et de mousquets, ou portant des bannières, mêlé de cavaliers, dont les uns étaient couverts de cottes de mailles, et avaient sous leur turban un casque d'acier, tandis que les autres portaient une sorte d'armure défensive consistant en un riche vêtement de soie qu'on avait mis à l'épreuve du sabre en le rembourrant de coton. Ces champions précédaient le prince, dont ils formaient la garde. Ce ne fut que plus tard que Tippoo leva son célèbre régiment du Tigre, armé et discipliné à l'européenne. Immédiatement devant le prince, on voyait, sur un petit éléphant, un homme à figure dure et sévère. C'était le distributeur

14.

de ses aumônes ; et il jetait au milieu des fakirs et des mendians des poignées de pièces de petite monnaie de cuivre, que l'empressement qu'ils mettaient à se les disputer faisait paraître encore plus nombreuses. L'aspect repoussant de l'agent de la charité musulmane, et la vue de son éléphant qui marchait l'œil à demi courroucé, et la trompe élevée en l'air, auraient pu faire croire que l'un et l'autre étaient également disposés à châtier ceux que leur pauvreté rendrait trop importuns.

Tippoo lui-même paraissait ensuite, portant un costume splendide, et monté sur un éléphant qui, élevant la tête au-dessus de tous ceux qu'on voyait dans le cortège, paraissait sentir sa dignité supérieure. Le howdaw sur lequel le prince était assis était d'argent doré, relevé en bosse, et avait par-derrière une place pour un serviteur de confiance.qui agitait le grand chowry, ou queue de vache, pour écarter les mouches, mais qui, dans l'occasion, jouait le rôle d'orateur, connaissant parfaitement tous les termes de la flatterie. Les caparaçons de l'éléphant royal étaient de drap écarlate richement brodé en or. Derrière Tippoo marchaient ses courtisans et les officiers de sa maison, la plupart montés sur des éléphans, tous vêtus avec magnificence et étalant la plus grande pompe.

Le cortège s'avança ainsi le long de la principale rue de la ville jusqu'à la porte du jardin royal. Toutes les maisons étaient ornées de draperies précieuses, de schalls de soie, et de tapis brodés des plus riches couleurs, qu'on voyait à toutes les croisées. La plus misérable hutte était décorée de quelque pièce de drap, de sorte que toute la rue offrait un spectacle singulièrement riche et brillant.

Ce cortège magnifique, étant entré dans le jardin, s'avança, par une longue avenue de grands arbres, vers une chabootra, ou plate-forme de marbre blanc entourée d'arcades de marbre semblable, et dont elle occupait le centre. Elle était élevée à quatre ou cinq pieds du sol, couverte de drap blanc et de tapis de Perse. Au milieu de la plate-forme était le musnud, ou coussin d'apparat du prince, de six pieds carrés, couvert de velours cramoisi richement brodé. Par une faveur spéciale, un petit coussin plus bas avait été placé à la droite du prince, et était destiné à la Begum. En face de cette plate-forme était une fontaine carrée en marbre, de quatre pieds de profondeur, pleine d'une eau limpide, et du milieu de laquelle un jet s'élançait en colonne jusqu'à la hauteur de vingt pieds.

Le prince Tippoo était à peine descendu de son éléphant et assis sur le musnud qui lui servait de trône, qu'on vit la Begum s'avancer, dans toute sa majesté, vers le lieu de l'entrevue. Son éléphant ayant été laissé à la porte du jardin opposée à celle par où le prince y était entré avec son cortège, elle était portée sur les épaules de six esclaves noirs, dans une litière ouverte garnie de riches ornemens en argent, et sa parure était aussi somptueuse que pouvaient la rendre la soie et les joyaux.

Richard Middlemas, en qualité de buckshee ou général de la Begum, marchait à côté de la litière, portant un costume aussi splendide qu'éloigné de tout vêtement européen, car c'était celui d'un banka ou courtisan indien. Son turban était de soie tissue avec de l'or, placé un peu sur une oreille, et les bouts en tombaient sur

une épaule. Ses moustaches étaient retroussées et fri-
sées, et ses paupières teintes d'antimoine. Sa veste était
de brocard d'or, et la ceinture qui entourait sa taille
était semblable à son turban. Il tenait en main un grand
sabre dans un fourreau de velours cramoisi, et un
large baudrier brodé était destiné à le suspendre à son
côté. Qui oserait pénétrer dans les pensées qui l'occupaient sous ces vêtemens splendides, et sous son air de
fierté et de hardiesse? Ses espérances les moins odieuses
étaient peut-être celles qui avaient pour but de sauver
Menie Grey en trahissant le prince qui allait lui donner sa confiance, et la Begum dont l'intercession devait
la lui obtenir.

La litière s'arrêta quand elle fut près de la fontaine,
du côté opposé à celui où le prince était assis sur son
musnud. Middlemas aida la Begum à mettre pied à
terre, et la conduisit, le visage couvert d'un beau voile
de mousseline brochée en or, vers la plate-forme de
marbre. Le reste du cortège de la Begum la suivait,
mais il ne se composait que d'hommes qui se faisaient
remarquer tous par la magnificence de leur costume.
Pas une seule femme ne se montrait à sa suite, si ce
n'est qu'une litière fermée, gardée par vingt esclaves
noirs ayant le sabre à la main, restait à quelque distance, dans un bosquet d'arbustes en fleurs.

Quand Tippoo Saïb, à travers le brouillard que le
jet d'eau, en retombant dans le bassin, répandait en
face de lui, vit avancer le cortège splendide de la Begum, il se leva de son musnud, de manière à la recevoir aux pieds de son trône, et il se fit entre eux un
échange mutuel de saluts, d'assurances du plaisir qu'ils

avaient à se voir, et de questions sur leur santé. Il la
conduisit alors au petit coussin placé à droite du sien,
tandis que ses courtisans s'empressaient de déployer
toute leur courtoisie en offrant aux principaux officiers de la Begum des places sur les tapis étendus autour de la plate-forme, où tous s'assirent les jambes
croisées, — Richard Middlemas occupant parmi eux
une place distinguée.

Les personnages d'un rang inférieur restèrent debout
par-derrière, et parmi eux se trouvaient le Sirdar d'Hyder-Ali, Hartley, et le Vakil de Madras. Il serait impossible de décrire ce qu'éprouva Hartley en reconnaissant
l'apostat Middlemas et l'amazone mistress Montreville.
La vue de ces deux êtres lui inspira la résolution bien
déterminée d'en appeler contre eux en plein Durbar à
la justice que Tippoo était obligé de rendre à quiconque avait une plainte à faire. Cependant le prince, qui
jusqu'alors avait parlé à voix basse, en s'étendant,
comme on peut le supposer, sur les services et la fidélité de la Begum, fit alors signe à un ministre de ses
volontés placés derrière lui, qui ajouta à haute voix :
— A ces causes, et pour récompenser ses services, le
puissant prince, à la demande de la puissante Begum,
belle comme la lune et savante comme la fille de Giams-
chid, a résolu de prendre à son service le Buckshee
qu'elle a mis à la tête de ses armées, et de le charger,
comme digne de toute sa confiance, de la garde de Bangalore, sa capitale chérie.

La voix de l'officier faisant cette proclamation avait
à peine cessé de se faire entendre, qu'une voix non
moins forte lui répondit du milieu de la foule des spec-

tateurs : — Maudit est celui qui prend le brigand Leik pour son trésorier, ou qui confie les jours du musulman à la garde d'un apostat !

Ce fut avec une satisfaction inexprimable, et cependant en tremblant encore de doute et d'inquiétude, qu'Adam Hartley reconnut en celui qui venait de parler ainsi le vieux fakir, le compagnon de Barak. Tippoo ne parut pas faire attention à cette interruption, qui fut attribuée à quelqu'un de ces dévots enthousiastes auxquels les princes musulmans permettent de grandes libertés. Le Durbar revint de sa surprise; et en réponse à la proclamation, tous ceux qui le composaient se réunirent pour pousser ces cris d'approbation qu'on s'attend à entendre chaque fois que la volonté du maître vient d'être annoncée.

Dès que le silence eut succédé à ces acclamations, Middlemas se leva, se prosterna devant le musnud, et dans un discours qu'il avait préparé, déclara qu'il était indigne du rang auquel il venait d'avoir l'honneur d'être élevé, et protesta de son zèle pour le service du prince. Il lui restait quelque chose à ajouter, mais ses lèvres balbutièrent, tout son corps trembla, et sa langue sembla lui refuser son service.

La Begum se leva de son siège, quoique cela fût contraire à l'étiquette, et dit, comme pour suppléer à ce qui manquait au discours de son général : — Mon esclave voudrait dire que j'ai si peu de moyens pour reconnaître un si grand honneur conféré à mon Buckshee, que je ne puis que prier Votre Altesse de vouloir bien accepter un lis du Frangistan pour le placer dans un des réduits du jardin secret de vos plaisirs. Que mon prince daigne ordonner à ses gardes de conduire cette litière à son zénana.

Le cri perçant d'une femme se fit entendre quand, à un signal fait par Tippoo, les gardes du sérail s'avancèrent pour recevoir la litière des bras des esclaves noirs de la Begum. La voix du vieux fakir retentit une seconde fois dans la foule, et d'un accent encore plus haut, encore plus sévère que la première : — Maudit est le prince à qui la luxure fait oublier la justice ! il mourra devant la porte de son palais par le glaive de l'étranger.

— C'est trop d'insolence! s'écria Tippoo ; traînez en avant ce fakir, et déchirez-lui sa robe sur le dos à coups de chabouks (1).

Mais il s'ensuivit une scène semblable à celle qui eut lieu dans le palais de Seyd (2). Tous ceux qui se précipitèrent pour exécuter l'ordre du despote courroucé reculèrent dès qu'ils furent près du fakir, comme s'il eût été l'ange de la mort. Il jeta par terre son bonnet et sa barbe postiche, et le visage irrité de Tippoo changea d'aspect en un instant, quand il reconnut l'œil sévère et imposant de son père. Un seul signe d'Hyder le fit descendre de musnud, où le Nabab alla s'asseoir lui-même. Les officiers qui l'entouraient se hâtèrent de le dépouiller de ses haillons de fakir, le revêtirent d'une robe d'une splendeur vraiment royale, et lui placèrent sur la tête un turban étincelant de pierres précieuses.

(1) Longs fouets.   ( *Note de l'Auteur.* )

(2) L'auteur fait ici allusion à la grande scène du Corsaire de lord Byron, lorsque Conrad, déguisé en derviche, se découvre au pacha Seyd. — Éd.

Le Durbar retentit de nouvelles acclamations en l'honneur d'Hyder Ali Khan Bahauder, le bon, le sage, celui qui découvrait les choses cachées, et qui arrivait dans le divan comme le soleil sortant d'un nuage.

Enfin le Nabab fit un signe qui enjoignait le silence, et cet ordre fut promptement exécuté. Il porta ses regards tout autour de lui avec un air de majesté, et les fixa enfin sur Tippoo, dont les yeux baissés, tandis qu'il restait debout devant son père, les bras croisés sur sa poitrine, offraient un contraste marqué avec l'air impérieux d'autorité qu'il avait pris un instant auparavant.—Tu as voulu, lui dit le Nabab, échanger la sûreté de ta capitale pour la possession d'une esclave blanche. Mais si la beauté d'une femme a fait trébucher sur sa route Salomon ben David, comment le fils d'Hyder Naig, exposé à une telle tentation, marcherait-il d'un pas ferme? Le moyen de voir distinctement, c'est d'écarter la lumière qui éblouit. Il faut que cette femme féringi soit mise à ma disposition.

— Entendre est obéir, répondit Tippoo, tandis que le sombre nuage qui lui couvrait le front prouvait combien cette soumission forcée coûtait à son esprit hautain et impétueux. Les courtisans témoins de cette scène sentaient au fond du cœur la plus vive curiosité d'en voir le dénouement, mais ils ne souffraient pas que la moindre trace de ce désir se montrât sur des traits accoutumés à dissimuler les secrètes pensées du cœur. Le voile de la Begum empêchait de voir l'expression de son visage; Middlemas s'efforçait de faire bonne contenance et de ne pas trahir ses alarmes, mais de grosses gouttes de sueur se rassemblaient sur son front. Les mots que prononça ensuite le Nabab furent comme une mélodie délicieuse pour les oreilles de Hartley.

Conduisez cette femme féringi sous la tente du Sirdar Belash Cassim — ( l'officier commandant l'escorte qui avait accompagné Hartley à Bangalore ); — qu'on la traite avec honneur et respect; et qu'il se prépare à l'escorter, ainsi que le Vakil et le Hakim (1) Hartley, jusqu'au Payeen-Ghaut — ( le pays au-delà des défilés ). — Il me répondra de leur sûreté, sur sa tête. La litière était en marche vers le camp du Sirdar avant que le Nabab eût fini de parler. — Quant à toi, Tippoo, continua Hyder, je ne suis pas venu ici pour te priver de ton autorité ou t'humilier devant le Durbar. Exécute les promesses que tu as faites à ce féringi. Le soleil ne rappelle pas à lui la splendeur qu'il prête à la lune, et le père ne ternit pas la dignité qu'il a conférée à son fils. Acquitte-toi de tout ce que tu as promis ?

On recommença donc la cérémonie de l'investiture, par laquelle le prince Tippoo confiait à Middlemas le gouvernement important de la ville de Bangalore, peut-être avec le dessein secret de dépouiller de cette place le nouveau Killedar à la première occasion, puisqu'il était lui-même privé de la belle Européenne; et Middlemas l'accepta en tressaillant d'espoir de pouvoir encore tromper le père et le fils. L'acte d'investiture fut lu à haute voix; — la robe d'honneur fut placée sur les épaules du Killedar qui venait d'être nommé, et cent voix, en bénissant le choix prudent de Tippoo,

_____

(1) Médecin. — Tr.

15

souhaitèrent au gouverneur prospérité et victoire sur ses ennemis.

On lui présenta un cheval dont le prince lui faisait présent. C'était un superbe coursier de la race de Cuttyawar, ayant la poitrine haute et la croupe large. Il était parfaitement blanc, mais l'extrémité de sa queue et de sa crinière était teinte en rouge. Il portait une selle de velours rouge, et la bride et la croupière étaient ornées d'argent doré. Deux esclaves, montés sur des chevaux de moindre valeur, conduisaient ce bel animal, et portaient, l'un la longue javeline, et l'autre la lance de leur maître. Après avoir montré ce beau cheval aux courtisans, qui continuaient à applaudir, on l'emmena pour le promener en parade dans toutes les rues de la ville, tandis que le nouveau Killedar le suivrait, monté sur un éléphant, autre présent d'usage en pareille occasion; et l'on fit ensuite avancer cet énorme animal, pour que chacun pût admirer la munificence du prince.

L'éléphant s'approcha de la plate-forme en secouant sa grosse tête ridée, qu'il levait et baissait comme par un geste d'impatience, et en redressant sa trompe de temps en temps, comme pour montrer le gouffre de sa bouche sans langue. Se retirant avec grace et avec l'air du plus profond respect, le nouveau Killedar, charmé que la cérémonie fût terminée, se tint debout près du cou de l'éléphant, attendant que le conducteur de l'animal le fît agenouiller pour se placer sur le howdaw doré qui lui avait été préparé.

— Attends, Féringi, dit Hyder; tu as reçu tout ce que la générosité de Tippoo t'avait promis; maintenant

tenant tu vas recevoir ce qui t'est dû par la justice d'Hyder.

En parlant ainsi, il fit un signe avec le doigt, et le cornac de l'éléphant fit connaître sur-le-champ à cet animal intelligent la volonté du Nabab. Entourant de sa longue trompe le cou du malheureux Européen, le monstre renversa sous lui à l'instant Richard Middlemas, et lui appuyant son énorme pied sur la poitrine, mit fin à la fois à sa vie et à ses crimes. Le cri que poussa la victime trouva un écho dans le rugissement du monstre et dans une exclamation, ou plutôt un son semblable au rire de la folie, qui partit de dessous le voile de la Begum. L'éléphant leva encore sa trompe en l'air, et ouvrit sa bouche énorme (1).

Les courtisans gardèrent un profond silence; mais Tippoo, sur la robe de mousseline duquel quelques gouttes du sang de la victime avaient rejailli, la montra au Nabab en s'écriant d'un ton dans lequel quelque ressentiment se mêlait au chagrin : — Mon père! mon père! était-ce ainsi que ma promesse devait être accomplie?

— Jeune insensé, répondit Hyder, apprends que le cadavre que tu vois avait médité de livrer Bangalore aux Féringis et aux Marattes. Cette Begum (elle tres- saillit en s'entendant nommer) nous a dévoilé ce com- plot, et a mérité par là le pardon d'y avoir trempé dans l'origine. A-t-elle agi ainsi uniquement par affec- tion pour nous, c'est ce que nous n'examinerons pas de trop près. Qu'on emporte cette argile ensanglantée,

_____

(1) Sujet de la vignette du titre de ce volume. — ÉD.

et que le Hakim Hartley et le Vakil anglais paraissent devant moi.

On les amena devant le musnud du Nabab, tandis que quelques esclaves emportaient le corps méconnaissable de Middlemas, et que d'autres répandaient du sable pour effacer toutes les traces de son sang.

— Hakim, dit Hyder, tu vas t'en retourner avec cette femme féringi, qui recevra de l'or en indemnité de ce qu'elle a souffert; et la Bégum, comme cela est juste, y contribuera pour sa part. Va dire à ta nation que Hyder Ali sait agir avec justice. Ayant fait une inclination de tête d'un air gracieux à Hartley, le Nabab se tourna vers le Vakil, qui semblait fort décontenancé:
— Vous m'avez apporté des paroles de paix, lui dit-il, tandis que vos maîtres méditaient une guerre perfide; mais ce n'est pas sur un être tel que vous que ma vengeance doit tomber. Allez dire au kafre Paupiah et à son indigne maître, qu'Hyder Ali a de trop bons yeux pour se laisser enlever par la trahison ce qu'il doit au succès de ses armes. Jusqu'à présent je me suis montré dans le Carnate comme un prince plein de douceur; désormais je serai la tempête qui détruit. Jusqu'ici, j'ai fait toutes mes invasions en conquérant clément et miséricordieux; désormais je serai le messager qu'envoie Allah aux royaumes contre lesquels il veut que sa colère éclate.

On sait avec quelle effrayante fidélité le Nabab tint cette promesse, et comment lui et son fils succombèrent successivement sous la bravoure et la discipline des Européens. L'exemple du juste châtiment qu'il donna en cette occasion put avoir pour cause sa politique, son amour naturel pour la justice, le désir d'en donner une preuve éclatante en présence d'un Anglais ayant du bon sens et de l'intelligence. — Peut-être tous ces motifs mêlés ensemble ; mais en quelle proportion ? c'est ce que nous ne saurions dire.

Hartley retourna à Madras sans accident, avec Menie Grey, arrachée à un affreux destin à l'instant où il ne lui restait presque aucune espérance ; mais les nerfs et la santé de cette jeune fille avaient reçu un choc dont elle souffrit long-temps, et dont même elle ne se remit jamais complètement. Les principales dames de Madras, touchées de l'histoire singulière de ses malheurs, l'accueillirent avec la plus grande bonté, et eurent pour elle tous les soins de l'hospitalité la plus attentive et la plus affectueuse. Le Nabab, fidèle à sa promesse, lui fit remettre une somme de dix mille moidores, presque entièrement extorquée, comme on le présuma, aux trésors de la Begum Mootie Mahul, ou Montreville. On ne sait pas avec certitude ce que devint cette aventurière ; mais Hyder s'empara de ses forts et de ses possessions, et le bruit courut qu'ayant perdu toute son importance, et étant dépouillée de son pouvoir, elle mourut par le poison, soit qu'elle l'eût pris volontairement, soit qu'il lui eût été administré par quelque autre main.

On pourrait regarder comme un dénouement naturel de l'histoire de Menie Grey qu'elle eût épousé Hartley, à l'intervention héroïque duquel elle devait tant de reconnaissance ; mais à l'époque de sa délivrance elle était dans une agitation trop douloureuse, et sa santé était trop dérangée pour qu'elle pût songer

15.

au mariage, même avec l'ami de sa jeunesse, avec le champion auquel elle devait sa liberté. Le temps aurait pu écarter ces obstacles, mais moins de deux ans après leurs aventures dans le Mysore, le digne et désintéressé Hartley périt victime du courage avec lequel il remplissait les devoirs de sa profession, ayant été atteint d'une maladie contagieuse dont il cherchait à arrêter les progrès. Il laissa une bonne partie de la fortune modique qu'il avait acquise, à Menie Grey, qui par conséquent ne manqua pas d'offres avantageuses de mariage; mais elle respectait trop la mémoire de Hartley pour faire céder en faveur d'un autre les motifs qui l'avaient déterminée à lui refuser une main qu'il avait si bien méritée, et, comme on pourrait le dire, si bien gagnée.

Elle retourna en Angleterre, et là, ce qui arrive rarement, vécut dans le célibat, quoique riche; elle s'établit dans le village qui l'avait vue naître, et parut trouver son unique plaisir à exercer des actes de bienfaisance qui auraient pu paraître excéder les limites de son revenu, si l'on n'eût pris en considération la vie très-retirée qu'elle menait. Deux ou trois personnes qu'elle voyait sur le pied de l'intimité pouvaient retrouver en elle cette simplicité généreuse et cette affection désintéressée qui formaient la base de son caractère. Aux yeux du monde en général ses habitudes semblaient être celles de l'ancienne matrone romaine sur la tombe de laquelle on les retraça en quatre mots:

DOMUM MANSIT — LANAM FECIT (1).

(1) Elle resta au logis, et fila sa quenouille. — TR.

# CHAPITRE XXX.

―――――

« Par le récit de quelque bonne histoire ,
« A-t-on su plaire à tout son auditoire :
» Quelque commère arrive au même instant
» Avec des quand , des pourquoi , des comment.
» Il faut encor mettre en frais sa mémoire
» Pour contenter sa curiosité :
» On s'imagine être au moins écouté :
» Il n'en est rien. Elle ouvre son armoire
» Pour y chercher quelques mauvais haillons, etc. »

SWIFT.

TANDIS que je rédigeais l'histoire intéressante que mes lecteurs viennent d'achever, on aurait pu dire que je faisais un apprentissage pour m'habituer à la critique, comme un cheval de chasse qu'on veut accoutumer au feu. Par suite de quelqu'un de ces abus de confiance, — péchés véniels qui se commettent toujours en pareilles occasions, — mes entrevues secrètes avec la muse de la fiction devinrent l'objet de quelques chuchotemens dans le cercle des miss Fairscribe, dont quelques-unes des personnes qui en étaient l'ornement prenaient, à ce que je suppose, un grand intérêt aux progrès de mon ouvrage, tandis que d'autres pensaient réellement — que M. Chrystal Croftangry aurait eu plus de bon sens à son âge. — Venaient ensuite les insinuations malignes, les remarques détournées, toutes ces railleries de lèvres mielleuses adaptées à la situation d'un homme qui est sur le point de faire une folie, soit en publiant un ouvrage, soit en se mariant ; et tout cela accompagné des clignemens d'yeux et des signes d'intelligence, pleins de discrétion, des amis qui sont dans le secret, et de l'empressement obligeant de ceux qui ne savent rien.

Enfin l'affaire devint si publique, que je me déterminai à faire face à une compagnie réunie chez mon ami pour y prendre le thé, ayant mon manuscrit dans ma poche, affectant d'être aussi simple et aussi modeste qu'un homme d'un certain âge a besoin de l'être en semblable occasion. Lorsque le thé eut été servi à la ronde, et que chacun eut préparé son mouchoir et son flacon de sels, j'eus l'honneur de lire la Fille du Chirurgien, pour l'amusement de la soirée. Tout alla parfaitement bien ; mon ami M. Fairscribe, qui s'était laissé séduire au point de quitter son cabinet pour se joindre au cercle littéraire, ne s'endormit que deux fois, et retrouva bientôt son attention à l'aide de sa tabatière. Les dames furent poliment attentives, et quand le chat, le chien, ou quelque voisin, donnaient une distraction à quelqu'un, Katie Fairscribe, alerte comme un surveil-

lant actif, s'empressait, d'un regard, d'un geste, ou d'un
mot prononcé à voix basse, de lui rappeler ce dont on
s'occupait. Miss Katie déployait-elle cette activité sim-
plement pour maintenir la discipline littéraire de sa
coterie, ou les beautés de l'ouvrage lui inspiraient-elles
un véritable intérêt qu'elle désirait faire partager aux
autres, c'est ce que je ne me hasarderai pas à lui demander, de peur d'aimer cette jeune fille, — qui est
réellement fort jolie, — plus que la prudence ne me le
permet, par égard pour moi comme pour elle.

Je dois avouer que de temps en temps l'intérêt qu'on
prenait à l'histoire semblait languir considérablement.
Peut-être était-ce la faute du lecteur, car tandis que je
n'aurais dû songer qu'à donner aux expressions dont je
m'étais servi toute la force dont elles étaient suscepti-
bles, je sentais la conviction glaciale que j'aurais pu et
que j'aurais dû en employer de beaucoup meilleures.
Cependant nous nous échauffâmes enfin quand nous
arrivâmes aux Indes orientales. Mais dès qu'il fut question de tigres, une vieille dame, dont la langue depuis
une heure se desséchait d'impatience d'être en mouvement, interrompit ma lecture en s'écriant : — Je voudrais bien savoir si M. Croftangry a jamais entendu
l'histoire du tigre Tullideph? Et elle aurait voulu l'in-
sérer tout entière dans ma narration comme un épisode.
On réussit pourtant à lui faire entendre raison ; et les
schalls, les diamans, les turbans et les ceintures dont il
est question ensuite, produisirent leur effet ordinaire
d'éveiller l'attention du beau sexe. Lorsque l'amant perfide périt d'une manière si horriblement nouvelle, j'eus,
— comme véritablement je m'y attendais, — la bonne

fortune d'exciter cette expression d'intérêt pénible que produit le bruit de la respiration à travers des lèvres serrées ; et même une miss de quatorze ans poussa un grand cri.

Enfin ma tâche se termina, et les belles dames firent tomber sur moi ce que je puis appeler une pluie de parfums, comme autrefois, pendant le carnaval, on jetait aux élégans une grêle de bonbons, et on les inondait d'un déluge d'eau de senteur. J'entendais de toutes parts : — Charmant ! — Un intérêt si doux ! — O M. Croftangry ! — que d'obligations ! — Quelle délicieuse soirée ! — O miss Katie, comment avez-vous pu garder si long-temps un tel secret ? Tandis que ces bonnes ames m'étouffaient ainsi sous des feuilles de roses, la vieille dame sans pitié mit fin à leurs éloges en entamant une dissertation sur les schalls ; dissertation qui, comme elle eut l'impudence de le dire, naissait tout naturellement de mon histoire. Mis Katie s'efforça en vain d'arrêter le torrent de son éloquence ; elle bannit tout autre sujet de conversation, et du véritable schall des Indes, elle descendit aux schalls imités qu'on fabrique à Paisley avec la laine réelle du Thibet, et qu'on ne distingue des véritables schalls des Indes qu'à l'aide de quelques contre-points inimitables dans la bordure. — Il est heureux, dit la vieille dame en s'enveloppant d'un superbe cachemire, qu'il y ait un moyen de distinguer un schall de cinquante guinées de celui qui n'en coûte que cinq ; mais j'ose dire qu'il n'y a pas une personne sur dix mille qui soit en état d'en remarquer la différence.

La politesse de quelques-unes des belles dames voulut ramener la conversation sur le sujet alors oublié de

notre réunion. — Comment avez-vous pu, M. Croftangry, rassembler tous ces mots si difficiles à prononcer
dont on se sert dans les Indes? Vous n'y avez jamais
été. — Non, madame, je n'ai pas eu cet avantage; mais,
comme les ouvriers imitateurs de Paisley, j'ai composé
mon schall en incorporant dans la trame un peu de
laine du Thibet, et j'en suis redevable à l'obligeance de
mon ami, de mon excellent voisin le colonel Mac-
Kerric, un des meilleurs garçons qui aient jamais tra-
versé un marécage dans les montagnes d'Écosse, ou
parcouru une jungle dans les Indes.

Quoi qu'il en soit, cette espèce de répétition, sans
m'avoir absolument et complètement satisfait, m'a pré
paré jusqu'à un certain point au jugement moins indulgent et moins réservé du monde. C'est ainsi qu'on
doit s'exposer au bouton d'un fleuret avant de présenter
sa poitrine à la pointe d'une épée; ou, pour en revenir
à ma première comparaison, un cheval doit être ac-
coutumé à un feu d'artifice avant qu'on le conduise à
travers une grêle de balles. Eh bien, la philosophie du
caporal Nym n'est pas la plus mauvaises qu'on ait prê-
chée. Il faut que les choses aillent comme elles pour-
ront aller. Si mes travaux plaisent au public, je pourrai
bien réclamer encore l'attention du lecteur courtois,
sinon,

ICI FINISSENT LES CHRONIQUES DE LA CANONGATE.

# NOTE

## DE L'ÉDITEUR.

---

L'AUTEUR, dans l'introduction à la troisième histoire des *Chroniques de la Canongate*, a indiqué lui-même les ouvrages dont il s'était inspiré avant de conduire ses héros dans l'Inde. Nous avons consulté les mêmes écrits pour compléter les portraits des deux grandes figures historiques que sir Walter Scott a jetées épisodiquement dans *la Fille du Chirurgien*.

Hyder Aly-Khan et son fils Tippoo Saïb nous rappellent, dans les guerres des Anglais dans l'Inde, ces rois que les Romains traitaient de barbares, mais souvent redoutables aux plus habiles généraux de Rome. Il y a dans la physionomie de ces princes, dans l'appareil de leurs machines de guerre et de leurs éléphans, comme dans leur politique et leur courage personnel, quelque

chose des Jugurtha, des Pyrrhus, des Persée, des Mithri-
date, etc., etc. — Hyder mourut de mort naturelle, en
laissant un empire, des conquêtes et des trésors. Un monument magnifique élevé pour recueillir ses cendres dé-
cora sa capitale et attesta sa gloire. Tippoo son fils périt
les armes à la main, et laissa son corps sous un monceau
de cadavres : avec lui disparurent son trône et sa dy-
nastie; trop heureux, ce roi vaincu, de trouver une
dernière place pour ses restes dans le mausolée de son
père.

La taille de Hyder était d'environ cinq pieds six
pouces anglais; il ne portait ni moustaches ni barbe,
contre l'usage oriental : habituellement ses vêtemens
étaient de magnifique mousseline à fleurs d'or avec un
turban de la même étoffe. Ce prince, très-jaloux quelquefois de sa parure, était plus généralement d'une simplicité relative dans un pays de pompe et de luxe comme
l'Inde; et dès que le combat l'appelait, il n'écoutait que
la voix de la gloire. Dans la paix, pendant qu'il amusait
sa cour par des jeux, il expédiait lui-même, au milieu
des fêtes, les affaires les plus importantes : son grand
plaisir était de se placer à un balcon pour voir s'in-
cliner à sa vue ses éléphans, ou défiler ses chevaux richement caparaçonnés, et ses tigres de chasse, auxquels
il donnait souvent lui-même un morceau de sucre qu'ils
prenaient adroitement avec la patte. Ces tigres appri-

voisés étaient revêtus de housses en drap vert, à franges d'or : un capuchon du même tissu servait à leur couvrir les yeux s'ils étaient prêts à s'effaroucher.

Le supplice de Richard Middlemas est tout-à-fait dans les coutumes de la justice royale de l'Inde. Plusieurs fois les éléphans dressés à ces exécutions obéirent aux vengeances d'Hyder ; mais généralement ce prince se montra plus indulgent que cruel. Sa haine pour les Anglais le suivit jusqu'au trépas : il avait, au contraire, de l'amitié pour les Français, qui lui furent si utiles pour discipliner ses troupes. Ses fréquentes communications avec les prêtres le firent accuser de superstition ; mais il paraît que ce prince politique s'en servait, ainsi que des astrologues et des brames indous, pour faire la police secrète de ses états. Le bramin Kend-Ruo eut aussi sa confiance, et la justifia par ses talens.

Les Anglais ont beaucoup exagéré la cruauté de Tippoo Saïb, quoique ce fils d'Hyder eût adopté pour ses armoiries emblématiques un tigre, et que cet animal fût aussi le support de son trône éclatant de pierreries. Tippoo était affable, sans morgue, libéral, fastueux même. Quelquefois tyrannique, il eut du moins l'excuse éternelle des tyrans, la nécessité. Son ambition eut à combattre l'ambition anglaise. On représente Tippoo Saïb comme un homme de cinq pieds huit pouces anglais ( 5 pieds 3 pouces de France ), les épaules carrées, le teint basané, le nez aquilin, de grands yeux vifs, des sourcils arqués: au moral, il fut actif, laborieux, orgueilleux et capricieux comme tous les despotes ; mais sa bravoure dans le péril et sa fermeté dans la mauvaise fortune prouvent qu'il y avait dans ce roi barbare ce qu'on est convenu d'appeler de l'héroïsme. Aussi fut-il comparé par un historien à Alexandre, et son père à Philippe de Macédoine. Nous avons eu en français, sur Tippoo Saïb, des mémoires et des romans : un mélodrame et une tragédie ( par M. Jouy) nous l'ont montré deux fois sur nos théâtres. Il a joui, comme on voit, d'une sorte de popularité à Paris avant les *Chroniques de la Canongate.*

FIN DU TOME TROISIÈME DES CHRONIQUES DE LA CANONGATE.

# ŒUVRES COMPLÈTES

## DE

# SIR WALTER SCOTT.

Cette édition sera précédée d'une notice historique et littéraire sur l'auteur et ses écrits. Elle formera soixante-douze volumes in-dix-huit, imprimés en caractères neufs de la fonderie de Firmin Didot, sur papier jésus vélin superfin satiné; ornés de 72 *gravures on taille-douce* d'après les dessins d'Alex. Desenne; de 72 *vues* ou *vignettes* d'après les dessins de Finden, Heath, Westall, Alfred et Tony Johannot, etc., exécutées par les meilleurs artistes français et anglais ; de 30 *cartes géographiques* destinées spécialement à chaque ouvrage ; d'une *carte générale de l'Écosse*, et d'un *fac-simile* d'une lettre de Sir Walter Scott, adressée à M. Defauconpret, traducteur de ses œuvres.

### CONDITIONS DE LA SOUSCRIPTION.

Les 72 volumes in-18 paraîtront par livraisons de 3 volumes de mois en mois ; chaque volume sera orné d'une *gravure en taille-douce* et d'un titre gravé, avec une *vue* où *vignette*, et chaque livraison sera accompagnée d'une ou deux *cartes géographiques*.

Les *planches* seront réunies en un cahier séparé formant *atlas*.

Le prix de la livraison, pour les souscripteurs, est de 12 fr. et de 25 fr. avec les gravures avant la lettre.

Depuis la publication de la 3e livraison, les prix sont portés à 15 fr. et à 3o fr.

### ON NE PAIE RIEN D'AVANCE.

*Pour être souscripteur il suffit de se faire inscrire à Paris*

## Chez les Éditeurs :

CHARLES GOSSELIN, LIBRAIRE
DE S. A. R. M. LE DUC DE BORDEAUX,
Rue St.-Germain-des-Prés, n. 9.

A. SAUTELET ET Cⁿ,
LIBRAIRES,
Place de la Bourse.